Beichte eines Fremdgängers

Marco Beckes

Beichte eines Fremdgängers

Die wahre Geschichte eines verlogenen Schweins

Schwarzkopf & Schwarzkopf

Prolog

Dies ist die wahre Geschichte eines perfiden Betrugs, eines Lügenwirrwarrs voller falscher Versprechen und ohne das kleinste bisschen Reue. Es ist die Geschichte hinterhältiger Manipulation und fieser Spielchen. Es ist meine Geschichte – auf die ich nicht im Geringsten stolz bin.

Ich bin ein Fremdgänger. Mehr als vierzig Mal habe ich meine Freundin betrogen. Dabei liebe ich sie. Sehr sogar. Irgendwann will ich Kristina, so heißt sie, heiraten. Trotz all der Lügen und der Intrigen, die ich hinter ihrem Rücken gesponnen habe. Eigentlich ist sie die perfekte Partnerin für mich, aber ich kann nicht damit aufhören, sie mit anderen Frauen zu hintergehen. Was als Rache begann, ist inzwischen zu einem Hobby geworden, einem so falschen, aber eben auch ungemein reizvollen Spiel. Kristina zu betrügen ist für mich wie eine Sucht. Eine Sucht, von der ich einfach nicht loskomme.

Und es ist weitaus mehr als nur das Glücksgefühl, das ich verspüre, wenn ich erschöpft nach einer leidenschaftlichen Vögelei aufs Kopfkissen sinke, das mich immer und immer wieder antreibt. Es ist die Macht, die ich über all diese Frauen habe, die mich so sehr befriedigt. Ich liebe es, Macht zu haben und Macht auszuüben. Es fasziniert mich, wenn Menschen so handeln, wie ich es will. Wenn ich sie kontrollieren kann wie ein Marionettenspieler seine Puppen.

Es gibt einen Menschen, der das nahezu in Perfektion vorgeführt hat. Einen Kriminellen, der mich in seinen Bann gezogen hat: Häftling Nummer 61727-054 des Metropolitan Correctional

Centers, Bernard Madoff – der wohl größte Wirtschaftsbetrüger aller Zeiten.

Mithilfe eines Schneeballsystems hat er seine Anleger um über 50 Milliarden US-Dollar geprellt. Über Jahrzehnte hinweg. Privatanleger sind auf ihn reingefallen. Banken, Stiftungen und gewiefte Finanzleute ließen sich täuschen, ebenso wie naive Hollywoodstars. Sie alle hat Madoff um den Finger gewickelt. Er war der Großmeister. Kaum einer konnte so dreist lügen wie er. Seine Worte waren Gesetz. Er hat mit den schlausten und reichsten Menschen der Welt gefeiert. Sie dachten, er sei ihr Freund – doch für ihn waren sie nicht mehr als dumme, dressierte Affen, die ihn zu einem sehr reichen Mann machten. Alles, was der geschickte Menschenfänger zeigte, war Fassade. Eine Illusion. Eine Inszenierung, so perfekt wie die Kunstwerke von Leonardo da Vinci. Madoff gab sich unaufdringlich, er wusste genau, dass er seine Millionen mit gezieltem Understatement in Szene setzen musste, damit die Leute anbissen. Er fühlte sich aller Welt überlegen und hatte offenbar geglaubt, niemals aufzufliegen. Selbst nach seiner Festnahme zeigte Madoff keine Reue. Nur ein sanftes, beinahe wahnhaftes Grinsen – so, als wolle er aller Welt sagen: »Seht nur her, wie lange ich euch vorgeführt habe.«

Dieser Mann ist für mich ein Genie. So wie Bernard Madoff die Menschen manipuliert hat, will auch ich sie steuern. Wenn auch mit einer anderen Intention und in kleinerem, nicht-illegalen Rahmen. So wie ihn das Geld berauschte, berauscht es mich, wenn Frauen mir hörig sind. Sie sollen sich mit mir treffen, wenn ich es will. Und sie haben aus meinem Leben zu verschwinden, sobald mir danach ist. Ich bin der Marionettenspieler, der die Fäden in der Hand hält. Und auch derjenige, der sie abschneidet, wenn er mit der faszinierenden eleganten Puppe lange genug gespielt hat.

Natürlich ist es mir nicht entgangen, dass selbst Menschenfänger Bernard Madoff sich letzten Endes in seinem Lügennetz verheddert hat. Sein Betrug hat ihm eine Haftstrafe von einhundertfünfzig Jahren eingebracht. Dieses Schicksal kann mir zum Glück nicht drohen. Aber es hat mich – so viel sei jetzt schon verraten – ähnlich schwer getroffen. Denn letztlich war wohl auch ich nur eine Marionette, die sich willenlos steuern ließ.

Jahrelang bin ich mit all diesen Lügen und der Last des Verrats allein durchs Leben gegangen. Doch nun will ich meine Geschichte erzählen. Nichts bleibt verborgen. Dies ist meine Geschichte: die bittere Beichte eines Fremdgängers.

KAPITEL 1

»Du bist nicht gut genug für meine Tochter.«

Diese Demütigung verfolgt mich seit Jahren. Seit mehr als zehn Jahren, um genau zu sein. Acht Worte, die sich in mein Gehirn eingebrannt haben und nicht mehr verschwinden wollen. »Du bist nicht gut genug für meine Tochter.« NICHT GUT GENUG! Der schlimmste Tritt in die Eier, den ich je bekommen habe. Der Eiertreter heißt Bernd Blumen, Professor Doktor Bernd Blumen. An sich ein liebenswerter Name, der so gar nicht zu diesem Ungeheuer passt. Für mich heißt der Eiertreter seit unserer ersten Begegnung aber eh nur noch »Professor Doktor Gott«. Weil er sich für unfehlbar hält und von seinen Mitmenschen erwartet, dass sie ihn anbeten. Alle sollen zu ihm aufschauen, ihn vergöttern. Kaum jemand, so denkt er, kann es mit ihm aufnehmen. Er meint, über allem zu stehen, in höheren Sphären zu kreisen. Er ist Stammgast in Münchens teuersten Restaurants, Besitzer eines BMW X7 und eines Z4. Sein Geld verprasst er bei Auktionen. Die Möbel im Haus der Blumens sind von Designern wie Henningen oder Volkmann. Im Flur steht eine antike Porträtbüste, im Salon ist Sessel »Elda« ein Hingucker für das geschulte Auge und im Wohnzimmer hängt eine Artischockenlampe – für über 3.000 Euro hat Kunstfreak Blumen den Zuschlag für dieses wirklich abscheuliche Gehänge erhalten. Lampe »Knappa« von Ikea hätte gerade mal 20 Euro gekostet – und sah nicht weniger scheußlich aus. Er kauft ohne erkennbaren Sinn und Verstand: Reiterfiguren und Masken mit Hasenohren von der Elfenbeinküste zieren seinen Prunkbunker ebenso wie ein Schachspiel aus dem Jahre 1982, das niemand anfassen darf. Den grässlichen Höhepunkt bildet eine Krankheitsmaske aus dem Kongo, bei deren Anblick mit Sicherheit jeder Einbrecher zurückschrecken würde: Glubschaugen, ein verzogener Mundwinkel, platte Boxernase – ich wäre froh, wenn mir jemand auf dem Flohmarkt für das Ding noch zehn Euro geben würde. Blumen hatte ein paar Tausender dafür hingeblättert. Wahrscheinlich ist es eine Befriedigung für ihn, den Zuschlag bei einer Auktion zu bekommen – egal wie hässlich und geschmacklos das Ersteigerte ist.

Und noch etwas lässt er sich richtig viel Geld kosten: die Pflege seines Gartens und vor allem seiner Lieblinge, der Koi-Karpfen. Die teuren Zuchtfische kommen vor seiner Frau, vor seinen zwei Söhnen und vor den beiden Töchtern. Wie oft schon habe ich mir gewünscht, dass Professor Doktor Gott kopfüber in den akkurat gepflegten Gartenteich fällt und von seinen bescheuerten Lieblingen wie von Piranhas verputzt wird. In Gedanken habe ich ihn schon eigenhändig unter Wasser gedrückt. Habe seine Nase mit einer Kopfnuss zerbeult und ihm ordentlich in die Fresse geschlagen. Einmal habe ich sogar geträumt, dass Blumens Kopf vom Auktionshammer zertrümmert wird. Zum Ersten, zum Zweiten, zum Dritten – Klatsch.

Doch in Wirklichkeit will ich für ihn glänzen. Ich will seine Gunst erobern. Ich will von ihm akzeptiert werden. Ich will, dass er versteht, dass seine Tochter und ich zusammengehören. Ich will einfach ein Teil der Familie sein und gemocht werden. So wie meine Mutter seine Tochter liebt. Mein Vater hat Kristina auch geliebt. Er ist bei einem Autounfall gestorben, als ich Ende zwanzig war. Bis dahin haben meine Eltern eine wunderbare Ehe geführt. Sie waren immer Vorbilder für mich. An ihnen lag es nicht, dass ich zu dem geworden bin, der ich heute bin. Sie haben mir vorgelebt, was es bedeutet, füreinander da zu sein, was Treue ist. Ich vermisse meinen Vater.

Aber seit jenem Tag, als ich Professor Doktor Gott erstmals gegenüberstand und er mir seine tiefe Verachtung entgegenschleuderte, wurde es immer schlimmer. NICHT GUT GENUG. Noch weniger als das: Er hält mich sogar für so schlecht, dass ich sein Grundstück nicht betreten darf, wenn er anwesend ist. Er duldet mich nicht in seinem Wohnzimmer. Er duldet mich schon gar nicht an seinem Esstisch oder unterm Weihnachtsbaum. Der Protzpalast ist Sperrbezirk für Abschaum wie mich.

Der Grund, warum ich mich so behandeln lasse, heißt Kristina. Die wundervolle Tochter von Professor Doktor Gott und ich sind zur selben Schule gegangen. Ein privates Gymnasium, in das die besserverdienenden Münchner ihre Kinder schicken. Auch wenn meine Eltern ganz gut verdient haben, mussten sie doch gehörig knapsen, um das monatliche Schulgeld zu bezahlen. 250 Euro – für meine Eltern eine kleine Hürde. Für Professor Doktor Gott und seine Frau, die im Vorstand einer privaten Schönheitsklinik sitzt, war diese Gebühr natürlich ein Klacks. 250 Euro kostet vielleicht gerade mal einer der hässlichen Blumenkübel, von denen zwei Dutzend auf den zwei Terrassen ihres Prunkbunkers stehen. Die Relation zum Geld haben die Blumens offensichtlich schon seit langer Zeit verloren. Sie halten sich für etwas Besseres und lassen es die, die aus ihrer Sicht nicht auf Augenhöhe sind, auch spüren.

All das wusste ich natürlich nicht, als ich mich in Kristina verliebte. Sie hat ein engelsgleiches Lächeln und wunderschöne Augen. Sie spielt Saxofon und Golf – genau genommen verkehrten wir, zumindest während der Schulzeit, in zwei verschiedenen Welten. Sie, die Schöne aus gutem Hause, und ich, der Sportler, der viel zu normal für diese Schule war. Anfangs hasste ich Kristina regelrecht. In der neunten Klasse, wir waren 14 oder 15 Jahre alt, hatte ich ihr einen Liebesbrief geschrieben. Meinen ersten Liebesbrief überhaupt. Tagelang wartete ich auf eine Reaktion: ein Lächeln, eine Antwort. Ich hoffte, dass sie mich auf dem Schulhof einfach küssen würde. Stattdessen hängte sie meinen Brief, für den ich so viel Mut aufgebracht hatte, einfach ans Schwarze Brett. Jeder konnte nun lesen, wie ich ihr mein Herz ausgeschüttet hatte. Und statt meine Einladung zu einem Eis anzunehmen, schrieb sie nur ein fettes NEIN mit einem roten Edding unter meine Zeilen. Seitdem war sie für mich gestorben. Während unser Jahrgang die Geschichte schnell wieder vergaß und über andere pubertäre Peinlichkeiten lachte, machte ich einen großen Bogen um Kristina. Ich verachtete sie. Ich wünschte ihr Fünfen und Sechsen in den Klausuren. Und ich feierte innerlich, als Kristina ein halbes Jahr zum Schüleraustausch nach Amerika verschwand. Endlich war die Schlange weg.

Und saß ein halbes Jahr später in der ersten Stunde nach den Sommerferien plötzlich neben mir. Ihr Amerikaabenteuer war zu Ende. Wir alle standen vor dem Endspurt zum Abi. Und plötzlich war mein Hass auf die Schlange wie weggewischt. Drei Jahre nach meinem peinlichen kindlichen Liebesbrief startete ich den zweiten Anlauf. Und schaffte es tatsächlich kurz vor Ende des Schuljahres, mit ihr zusammenzukommen. Die Welt schien perfekt.

Doch mit gerade mal 18 Jahren übersah ich die ersten Anzeichen, dass das Liebesglück gar nicht so perfekt war, wie es schien. Kristina lernte meine Eltern nach drei Monaten kennen. Ich kannte ihre nach einem halben Jahr immer noch nicht. Kristina ging bei uns ein und aus. Zu ihr gingen wir nie nach Hause. Als wir unser Abi in der Tasche hatten und die Karten für den Schulabschlussball kaufen konnten, behauptete sie, dass unsere Eltern nicht an einem Tisch sitzen könnten, weil ihre sich schon mit anderen Eltern verabredet hätten. Und auf dem Ball selbst bat mich Kristina, sie doch an diesem Abend nicht zu küssen, weil ihr nicht danach wäre.

Ja, die Alarmglocken hätten schrillen müssen. Spätestens da hätte ich die Notbremse ziehen sollen. Doch mich faszinierte diese Frau einfach. Sie faszinierte mich so sehr, dass ich alle Warnungen meiner besten Freunde ignorierte. Sie können bis heute nicht verstehen, dass Kristina und ich immer noch zusammen sind. Dass wir zusammenziehen wollen. Dass wir über Hochzeit und Kinder reden. Meine Jungs wissen genau, wie mich Kristinas Eltern behandeln. Sie wissen, dass mir die Demütigungen zusetzen. Aber inzwischen verkneifen sie sich ihre Ratschläge, weil sie wissen, dass sie damit bei mir auf Granit stoßen.

Ein Jahr dauerte es, bis mich Kristina ihren Eltern vorstellte. Ich zog meine spießigsten Klamotten und meine besten Schuhe an und wollte den Schwiegermütter-Liebling geben. Ich wollte Kristina beweisen, dass sie mit ihrer Vermutung falsch lag, dass ihre Eltern mich niemals mögen würden. Wochenlang hatte ich sie dazu gedrängt, endlich auch ihre Eltern einzuweihen und mich ihnen vorzustellen. Ich wollte, dass sie mich mögen. Ich wollte, dass endlich Schluss war mit diesen Lügen, die Kristina ihren Eltern auftischte, wenn sie sich mit mir traf. Ein Jahr ging es nämlich schon so, dass sie behauptete, Chorprobe zu haben, zum Saxofonunterricht zu gehen oder mit ihrer besten Freundin einen Kaffee zu trinken – obwohl sie sich in Wirklichkeit mit mir traf. Sie verheimlichte mich ihren Eltern komplett.

Aber was sollten ihre Eltern schon gegen mich haben? In meinem Tennis- und Basketballverein war ich beliebt. Auf jeder Party stand ich im Mittelpunkt. Ich hatte Abi. War nicht vorbestraft. Hatte mich nie geprügelt. Hatte weder Ohrringe noch Tattoos. Also warum, in Gottes Namen, sollten mich ihre Eltern schon so schrecklich finden?

Doch mein Plan, ihre Eltern um den Finger zu wickeln, ging völlig schief. Bevor ich überhaupt dazu kam, mich bei ihnen Liebkind zu machen, landete ich in den Fängen von Bernd Blumen, dem Teufel höchstpersönlich. Dieser Mann wollte nicht den

Freund seiner Tochter kennenlernen. Dieser Mann wollte den Freund seiner Tochter fertigmachen. Er kannte mich überhaupt nicht, doch sofort sah er einen Feind in mir. Eine Bedrohung. Er schleppte mich hinter sich her ins Wohnzimmer, um mich dort wie eine Zitrone auszuquetschen.

Eigentlich fehlten nur noch die Handschellen und eine grelle Lampe, die mir direkt ins Gesicht schien – dann wäre es wie bei einem richtigen Verhör gewesen.

»Was wollen Sie denn mal werden? In der Schule waren Sie ja schon eher faul. Wie stehen daher Ihre Karriereaussichten? Was wollen Sie denn mal verdienen?«

Bernd Blumens Verhör war eine Tortur. Da saß ich nun, ein 19-jähriger Junge, der gerade mit dem Abi fertig war und seinen Grundwehrdienst leistete. Blumens Augen strahlten eine so kühle Verachtung aus, wie ich sie zuvor noch nie erlebt hatte. Wieso interessierte er sich nicht für den Menschen, der seine Tochter liebt? Warum konnte er sich nicht ganz normal mit mir unterhalten? Über den FC Bayern, der am Wochenende wieder gewonnen hatte. Über das Wetter. Selbst ein Gespräch über seine Koi-Karpfen hätte ich gemeistert – immerhin hatte ich auch mal ein Aquarium. Warum all diese Fragen nach meiner Karriereplanung? War es ein Check, ob ich eine gute Partie sei?

Aber gut, dachte ich mir, wenn ich Bernd Blumen von mir überzeugen kann, indem ich ihm meinen Karriereplan erkläre, dann mache ich das. Immerhin wusste ich genau, wo ich in fünf, zehn oder fünfzehn Jahren beruflich stehen wollte. Seit einer Reportage, die ich mit 16 Jahren gelesen hatte, war mir klar: erst Sportstudium in Köln, dann im Hintergrund die Fäden in der Welt des Sports ziehen. Entweder im Management eines Fußballvereins, im Marketing eines Sportartikelherstellers oder als Spielerberater von Profifußballern. Das war mein größter Traum.

Also erzählte ich Bernd Blumen von den »Schatten« der Stars, die heimlich im Hintergrund herrschen und Transfers abwickeln.

Die Karrieren gestalten, Fußballer von Hannover zu Bayern verkaufen und später zu einem Top-Klub ins Ausland.

»Wo Berater auftauchen, läuft keine Kamera. Kaum ein Transfer im bezahlten Fußball wird ohne Berater eingefädelt. Sie agieren fernab des Trubels in den VIP-Räumen der Stadien nach den Spielen. In Trainingslagern zocken sie mit den Managern, kein Club kommt an ihnen vorbei. Mit den Souffleuren der Stars kann es sich niemand verscherzen. Spielerberater sind mächtig, gefürchtet und kassieren Millionen – jedenfalls die guten. Da will ich auch hin.«

All das erklärte ich Bernd Blumen. Für mich war es nie eine Spinnerei. Es war nie ein Kindheitstraum. Es war immer mein erklärtes Ziel, diesen Beruf zu ergreifen. Ich würde alles dafür tun, um meinen Traum wahr werden zu lassen. Dafür hatte ich in all meinen Sommerferien Praktika in den verschiedensten Unternehmen gemacht, die mit Sport zu tun hatten. Sogar bei der Pressestelle eines Zweitligisten hatte ich einen Monat hospitiert, um zu erfahren, wie dort gearbeitet wird.

Aber je mehr ich redete, desto angewiderter sah mich Bernd Blumen an. Dann, nach meinen 15 Minuten Monolog, erhob er sich aus seinem Sessel, öffnete die Wohnzimmertür und sagte nur: »Was für eine Spinnerei. Das ist doch völlig utopisch. Das ist doch kein richtiger Job. Richtige Männer werden Arzt. Oder von mir aus noch Anwalt. Aber doch nicht so einen Scheiß. Du bist nicht gut genug für meine Tochter.«

Ich dachte an einen Scherz, wartete, dass er laut loslachen würde. Aber seine Augen verengten sich zu kleinen Schlitzen. Ansonsten war sein Gesicht so versteinert wie nach einer achtwöchigen Botox-Kur. Seine Mundwinkel wollten und wollten einfach kein Lachen zulassen. Dann fauchte er: »Hörst du schlecht! Du bist nicht gut genug für meine Tochter! Das ist doch alles Schwachsinn. Haben dir deine Eltern nicht gesagt, dass du etwas Anständiges lernen sollst? Die müssen dir doch diese Spinnereien ausgeredet haben.« Und dann polterte er hinterher: »Lass meine Tochter in Ruhe. Du bist ein schlechter Umgang für sie. Ich will dich hier nicht mehr sehen.«

Als ich den Prunkpalast verließ, hörte ich nur, wie er Kristina anschrie: »Wenn du dem jetzt hinterherläufst, brauchst du gar nicht mehr wiederzukommen.«

Von dem Tag an war Bernd Blumen für mich nur noch Professor Doktor Gott. Ich hasste Kristinas Familie, obwohl ich wusste, dass ihre Mutter eigentlich nichts gegen mich hatte. Sie musste wohl einfach offiziell etwas gegen mich haben, weil Professor Doktor Gott es so wollte. Im Hause Blumen hat nun mal niemand eine eigene Meinung. Was der große Meister spricht, ist Gesetz. Ich kenne keine Familie, die so unter moderner Tyrannenherrschaft steht, wie diese. Warum sie es alle mitmachen? Vielleicht weil sie finanziell von ihm abhängig sind? Ich weiß es nicht. Jedenfalls sind alle darauf bedacht, nach außen eine heile glückliche Familie abzugeben. Für mich sind die Blumens nicht mehr als versnobte, charakterlose Idioten, mit einer traumhaften Tochter beziehungsweise Schwester.

Kristina und ich trennten uns trotzdem nicht. Wir trafen uns bei mir. Und wenn ich sie zu unseren Dates abholte (weil der Prunkbau nicht direkt in der Stadt, sondern im Münchner Südwesten lag), parkte ich nie vor ihrem Haus, sondern in einer Seitenstraße, 150 Meter vom Haus entfernt. Dafür musste ich die Hauptstraße früher verlassen, noch zweimal abbiegen und dann auf Kristina hinter dem Altglascontainer bei Lidl warten, bis sie sich aus dem Haus schleichen konnte. Weil ihr nach einiger Zeit die Ausreden ausgingen, verheimlichte sie schließlich ihren Eltern, dass sie überhaupt weg war. Deshalb konnten wir uns oft nur wenige Stunden sehen. Unsere Beziehung war und ist eine einzige Mogelpackung.

Selbst als sie später nach Düsseldorf ging, um Medizin zu studieren, und ich in Köln lebte, hörten die Probleme nicht auf. Obwohl Köln und Düsseldorf nur wenige Kilometer auseinander lagen, war es für sie völlig ausgeschlossen, dass wir zusammenziehen. Außerdem erwarteten ihre Eltern, dass Kristina mindestens zweimal im Monat am Wochenende nach Hause kam. Und so pendelten wir ständig von Köln/Düsseldorf nach München und ließen uns dann dort getrennt von unseren Eltern abholen.

Kristina ließ ihre Eltern weiterhin in dem Glauben, sie sei Single und ich aus ihrem Leben verschwunden. Nicht auszudenken, was passiert wäre, wenn sich unsere Eltern am Bahnsteig getroffen hätten. Schließlich wussten meine Eltern, dass Kristina und ich zusammen waren.

Dieses Katz-und-Maus-Spiel war im Grunde genommen an Lächerlichkeit nicht zu überbieten: Kristina fuhr freitagabends zu sich nach Hause, aß mit ihren Eltern zu Abend, dann holte ich sie ab und wir gingen aus. Meine Eltern haben ihr bestimmt hundertmal angeboten, bei uns zu übernachten und am nächsten Tag gemeinsam zu frühstücken, aber Kristina lehnte jedes Mal ab. Wie hätte sie das schließlich ihren Eltern erklären sollen? Meine Eltern wussten nichts von der Geheimhaltung. Mir war es unangenehm, wie mich Kristinas Eltern behandelten. Und mir war es zu unangenehm zuzugeben, dass ich mich so behandeln ließ.

So wurde unsere Beziehung immer mehr zu einem Lügenwirrwarr. Wir logen ihre Eltern an und im Endeffekt auch meine. Ich habe Kristina dafür lange keinen Vorwurf gemacht. Ihr Vater behandelte ja auch sie wie Abschaum. Ihre zwei älteren Brüder hatten ihr Abi mit Bravour bestanden, waren inzwischen Ärzte. Ihre jüngere Schwester hatte eine Klasse übersprungen, war in der Theater-AG, Schulsprecherin, heimste am Klavier Preise wie am Fließband ein und war mit dem Sohn eines Münchner Großunternehmers liiert, der vor Geld zu platzen drohte.

Kristina hatte nur einen Abi-Durchschnitt von 2,2 mit nach Hause gebracht, musste ein Jahr auf ihren Studienplatz warten und wagte es auch noch, ihrem Vater Widerworte zu geben. Sie war das schwarze Schaf der Familie. Nach dem Desaster mit mir hatte Professor Doktor Gott ihr klipp und klar zu verstehen gegeben, dass er nur einen Mediziner in der Familie dulden würde – einen Schwiegersohn, dem er irgendwann seine Praxis übergeben könnte.

Mittelalterlicher als in dieser Familie konnte es kaum irgendwo zugehen. Sie waren so was von klischeebeladen, arrogant, widerwärtig. Als einer ihrer Brüder als kleiner Junge in einen Fußballverein wollte, wussten ihre Eltern, dies zu verhindern. Da laufe nur »Pack aus den unteren Schichten« rum. Stattdessen wurde Sebastian im Golfklub angemeldet: »Hier verkehrt unseresgleichen.« Als derselbe Bruder eines Tages einen türkischen Mitschüler mit nach Hause brachte, sagte Professor Doktor Gott zu seiner Frau: »Lass den nicht aus den Augen, der will bestimmt nur klauen.«

Fast drei Jahre lang hielt Kristina unsere Beziehung vor ihren Eltern geheim. Wir arrangierten uns mit dem Übel. Wir versuchten, ihre Familie auszublenden und redeten uns ein, dass es irgendwann schon alle verstehen würden, dass wir zusammengehören. Kristina hat mir in den drei Jahren bestimmt hundertmal versprochen, das Gespräch mit ihren Eltern zu suchen. Auch ich wollte Professor Doktor Gott noch einmal gegenübersitzen und mit ihm sprechen. Ich wollte ihn davon überzeugen, dass er sich vollkommen in mir getäuscht hatte. Doch dieses Gespräch fand niemals statt. Kristina vertröstete mich immer wieder.

Selbst nachdem ich mein Studium beendet hatte. Selbst nachdem ich einen sehr guten Job in einer Sport-Vermarktungs-Agentur bekommen hatte. Ich hatte bewiesen, dass mein Plan kein Quatsch gewesen war. Ich hatte die erste Stufe meiner Karriereleiter erreicht. Ich hatte Professor Doktor Gotts Befürchtung, ich sei ein Spinner, widerlegt. Doch ich durfte noch immer nicht mit ihm sprechen.

Kristina verbot mir sogar, ihre Hand zu halten, wenn wir in München über den Marienplatz schlenderten: »Meine Mum ist auch in der Stadt, sie könnte uns sehen – und dann wäre alles aus!«

Absolut albern. Wenn Kristina unter der Woche bei mir in Köln übernachtete, war ihre Festnetznummer auf ihr Handy umgeleitet, damit sie die Kontrollanrufe ihrer Eltern abfangen konnte. Ging sie einmal nicht ans Telefon, riefen ihre Eltern so oft hintereinander an, bis sie endlich den Hörer abhob. Ich musste dann in ein anderes Zimmer gehen, meinen Mund halten, damit ja kein verdächtiges Geräusch ihre Lügengeschichte entlarven konnte.

Es gab mich nicht. Ich war nicht gut genug, musste geheimgehalten werden. Selbst nach fünf Jahren Beziehung verheimlichte sie mich noch immer. Nur wenn sie in Düsseldorf war und ich in Köln, hatten wir viele schöne Momente. Von Montag bis Donnerstag, meist in den Abendstunden, führten wir eine normale Beziehung. Wir waren verliebt und glücklich. Doch wehe die Pflichtbesuche am Wochenende standen an. Ich wollte überhaupt nicht mehr in die Heimat fahren.

Ich verdiente 50.000 Euro im Jahr, hatte eine schöne Wohnung, war selbstständig und gedanklich ganz weit weg von zu Hause. Aber Kristinas Eltern bestanden darauf, sie mindestens einmal, lieber zweimal pro Monat zu sehen. Und Kristina bestand darauf, dass ich mitkam. »Sonst ist München die Hölle für mich«, sagte sie. »Nur mit dir ist mein Wochenende erträglich.« Also kam ich mit. Und versteckte mich weiter am Bahnhof vor ihren Eltern. Wartete in der Seitenstraße, 150 Meter von ihrem Haus entfernt, auf sie. Spazierte mit den Händen in der Tasche neben ihr durch die Münchner Innenstadt. Und wartete brav auf meine Freundin, bis sie samstagabends das familiäre Bespaßungsprogramm beendet hatte.

Fünf Jahre lang lebten wir unter solch widrigen Umständen zusammen. Vier Siebtel der Woche glücklich, drei Siebtel angespannt, frustriert und unzufrieden. Als ich vorschlug, zusammen in den Urlaub zu fliegen, war Kristina hellauf begeistert. Eine Woche New York sollte es sein. Eine Woche raus aus dem Blumen-Beziehungschaos. Stundenlang suchten wir im Internet nach Flügen und Hotels. Online spazierten wir bei Google Earth durch die Fifth Avenue, den Central Park und freuten uns auf eine unvergessliche Woche.

»Sollen wir buchen? Ist das wirklich okay für dich?«, fragte ich Kristina. Sie nickte, lachte und küsste mich liebevoll. 890 Euro pro Person. Abgebucht von meiner Kreditkarte. Drei Wochen später sollte es losgehen.

Doch bereits am nächsten Tag kam die Wende.

»Wir hätten nicht buchen sollen. Was soll ich denn meinen Eltern erzählen? Ich kann ihnen doch nicht verschweigen, dass ich eine Woche in Amerika bin. Was, wenn mir da etwas passiert?«

Genau diese Punkte hatten wir tags zuvor bereits besprochen. Genau diese Fragen hatte ich Kristina gestellt. Ich wusste ja, wie kompliziert die Situation war. Doch während Kristina noch am Vortag der festen Überzeugung gewesen war, dass es das Richtige sei, ihren Eltern unseren Urlaub zu verschweigen, wollte sie nun unter keinen Umständen mehr hinter deren Rücken die USA bereisen. Sie war nicht mehr umzustimmen. »Dann müssen wir halt stornieren«, pampte sie mich an. Und ich stornierte. 200 Euro Stornokosten für nichts. War es das Lehrgeld für die Erkenntnis, dass Kristina und ich uns vielleicht doch trennen sollten? 200 Euro um zu begreifen, dass diese Beziehung zu nichts führen konnte? Natürlich flackerten solche Gedanken kurzzeitig auf. Meine besten Freunde hatten schon so oft auf mich eingeredet, dass ich doch endlich Schluss machen sollte. Aber ich liebte Kristina. So sehr, dass ich selbst diesen Eiertanz mitmachte.

Zwei Tage später buchten wir dann doch wieder. Gleiche Reise, gleiche Flugzeiten, gleiches Hotel – nur rund 100 Euro teurer pro Person, weil es nur noch Restplätze gab. Statt jeweils 890 waren wir nun bei über 1.000 Euro angekommen. Aber dieses Mal versprach Kristina wenigstens, nicht wieder zu stornieren.

»Ich behaupte einfach, mit Anja zu fliegen. Das merken meine Eltern nie.«

Wir verabredeten einen minutiösen Plan, wann wer am Flughafen einzuchecken hatte. Hauptsache, ihre Eltern würden mich nicht bemerken. Einen Abend vor unserem Abflug fuhr ich bereits zum Flughafen, gab mein Gepäck beim Vorabend-Check-in auf und erhielt mein Ticket. Trotzdem war ich am nächsten Tag drei Stunden vor dem Abflug da, damit ich auch ja schon im Sicherheitsbereich sein würde, wenn Kristina mit ihrer Mutter am Schalter ankäme. Wir stiegen nicht einmal zusammen in den Flieger, weil Kristina Angst hatte, ihre Mutter könnte auf der Besucherterrasse stehen, ihr zuwinken und uns zufällig zusammen sehen.

Immerhin ging der Plan auf, ich blieb unentdeckt und wir flogen gemeinsam nach New York. Ein wunderbarer Urlaub. Endlich mal sieben Tage, wie man sie sich in einer glücklichen Beziehung vorstellt. Harmonie pur. Glück. Leidenschaft. Vertrauen. Es waren die schönsten Tage, die Kristina und ich je erlebt hatten. Doch die Folgen, die dieser Urlaub mit sich brachte, waren hässlich. Nach einem Streit mit Kristina petzte ihre Schwester bei Papa Professor Doktor Gott, dass es mich doch noch in Kristinas Leben gab. Eiskalt und völlig unvermittelt sagte sie einfach beim Essen: »Wie geht es eigentlich Marco? Du wolltest mir doch noch Fotos von eurem New-York-Urlaub zeigen!« Die Katastrophe war perfekt. Und »Gott« ließ uns seinen Zorn spüren.

Eigentlich überwies er Kristina monatlich 2.000 Euro Unterhalt für ihr Studium, noch zusätzlich zur Miete. Nach New York und der aufgeflogenen Beziehungslüge bekam sie plötzlich nur noch die Hälfte und musste ihre Miete selbst bezahlen. Kristina blieb nichts anderes übrig, als in ein WG-Zimmer in Bonn zu ziehen. Nichts mehr mit Stuckdecke, Wanne und Regendusche, Handtuchwärmer und Fußbodenheizung. Professor Doktor Gott nahm ihr sogar noch den Schlüssel für ihren Mercedes SLK, den Kristinas Großeltern ihr zum Abi geschenkt hatten, weg und stoppte obendrein seine Zahlungen an die Kfz-Versicherung.

Seither zahle ich für nahezu alles, was wir unternehmen, weil ich mich irgendwie mitschuldig fühle an dieser Misere. Doch obwohl der Tyrann seitdem immer grausamer über seine Untertanentochter herrschte, fuhr Kristina noch eine lange Zeit Wochenende für Wochenende zu ihren Eltern. Wenn sie weinend bei mir im Arm lag, beteuerte sie, wie sehr sie ihren Vater hasste. Sie sagte sogar: »Das Leben macht keinen Spaß mehr. Er macht alles kaputt.« Wir sprachen darüber, ob es besser für uns beide wäre, wenn wir uns trennen. Manchmal sagte sie: »Wahrscheinlich schon.« Aber schon fünf Minuten später hieß es: »Du bist der Einzige, der meinem Leben einen Sinn gibt.« Auch mich belastete die Situation immer mehr. Ich wollte einfach nur normal sein.

Ich bin normal. Ich habe eigentlich ein perfektes Leben. Ich habe tolle Freunde. In meinem Job läuft es perfekt. 70 Stunden pro Woche arbeite ich wie eine Maschine. Immer auf Hochtouren. Ohne Pause. Und bin wirklich gut. Hätte ich mich bloß nie in Kristina verliebt. Sie macht meine Freizeit kaputt. Sie macht einen großen Teil meines Privatlebens zu einem Albtraum. Ich bin nur noch ein seelischer Mülleimer, in den sie ihre Probleme kippt. Ich bin in den Stunden, die wir zusammen verbringen, nur dazu da, aus einer niedergeschlagenen verheulten Frau einen selbstsicheren fröhlichen Menschen zu machen. Ich will ihr immer eine perfekte Zeit bei mir bieten. Ich will, dass Kristina all den Ballast vergisst, den ihr Elternhaus auf ihren Rücken lädt. Doch statt mir zu danken, macht sie mir manchmal sogar Vorwürfe, ich sei schuld an dem ganzen Dilemma. Natürlich hätte ich mich schon lange von ihr trennen können. Es wäre wahrscheinlich das Einfachste und Beste gewesen. Aber ich fühle mich für Kristina verantwortlich. Ich bin doch »der Einzige, der ihrem Leben einen Sinn« gibt. Wir haben uns doch so ein schönes Leben in der Zukunft ausgemalt. Wir wissen genau, wie unser Traumhaus aussehen soll. Wie unsere Kinder heißen werden. Und dass wir Haustiere wollen.

Unsere Beziehung ist eigentlich nur noch eine Illusion. Wir hecheln unseren gemeinsamen Träumen hinterher. Und reden uns das Hier und Jetzt schön.

Kristina wurde immer gereizter. Oft war es schlichtweg unfair, wie sie mich behandelte. Und so kam mir das damalige Jobangebot aus Berlin sehr gelegen. Ich würde Abstand von Kristina bekommen, zumindest unter der Woche. Also nahm ich das Angebot an. Fortan würde ich mich nicht mehr vollständig von ihrer schlechten Laune anstecken lassen müssen und nicht mehr ständig ihren Stimmungsaufheller spielen. Und weil ihre Eltern ja nun auch wussten, dass wir zusammen waren, würde Kristina am Wochenende endlich auch mal zu mir kommen können, anstatt den Samstag und Sonntag im Münchner Prunkpalast zu verbringen.

Meine anfänglichen Hoffnungen auf eine Entspannung der Situation wurden allerdings enttäuscht. Kristinas Vater machte ihr jedes Mal am Telefon die Hölle heiß, wenn sie mal wieder ein Wochenende bei mir verbrachte. Auch zwischen Kristina und mir wurde es nicht wirklich besser. Inzwischen sahen wir nur noch Kinofilme, die sie sehen wollte. Sie entschied, welche DVD wir ausleihen. Sie bestimmte das Restaurant, in das wir gingen. Und ich versuchte, perfekt zu sein, ihre Launen zu ertragen. Doch sie wurde immer kälter.

Plötzlich stritten wir uns ständig, es kam sogar vor, dass sie mit der Fernbedienung nach mir warf, wenn ihr etwas nicht passte. Doch selbst das verzieh ich ihr, weil ich all diese Ausbrüche ihrem Vater ankreidete. Fünf Jahre lang war ich ein toller Freund. Schluckte all die Demütigungen der Familie und verzieh Kristina ein ums andere Mal, dass sie nicht den Mut aufbrachte, mich mit ihrem Vater reden zu lassen.

Bis zum 24. Dezember. Natürlich feierten wir das Fest der Liebe nicht zusammen. Keine Chance auf ein paar gemeinsame Stunden – an keinem der drei Tage. Wieder belog ich meine Eltern, musste mir etwas ausdenken, warum Kristina nicht selber vorbeischauen und sich ihr Geschenk abholen konnte. Und wie schon in den Jahren zuvor fuhr ich gegen Mittag in Richtung Prunkpalast von Familie Professor Doktor Gott, um Kristina heimlich am Lidl-Altglascontainer ihre Geschenke zu überreichen. Es hatte irgendwie etwas von einer Drogenübergabe. Auf dem Weg zu meinem Auto drehte sie sich ständig um, um sicherzugehen, dass niemand ihr aus dem Palast gefolgt war. Unser Zeitfenster war klein.

Kristinas Laune war im Keller.

»Warum kommst du denn jetzt? Wir kochen gerade. Dein Geschenk kann ich dir nicht geben. Die Alten hätten es gemerkt, wenn ich es jetzt geholt hätte.«

Kein Hallo. Kein Begrüßungskuss. Kein Lachen. Sie sprang einfach in mein Auto und fing an loszumotzen.

»Dreh dich mal um, Süße. Das ist alles für dich.«

Auf der Rückbank stand ein ganzer Wäschekorb voll mit kleinen und mittelgroßen Päckchen. Ohrringe, Gutscheine fürs Kino und eine Massage, ein Duft, ein Squashschläger – natürlich alles hübsch verpackt. Außerdem hatte ich noch einen großen Strauß Blumen gekauft. Was in dem Paket meiner Eltern war, wusste ich nicht.

»Na super, wie soll ich das denn alles ins Haus kriegen? Und die Blumen? Die sehen meine Eltern doch sofort. Die kannst du gleich behalten. Es war echt eine Scheißidee vorbeizukommen. Gib mir die Sachen einfach, wenn wir in Düsseldorf sind.«

»Das ist jetzt nicht dein Ernst! Mehr hast du nicht zu sagen? Ich dachte, es würde dich wenigstens ein kleines bisschen freuen, wenn du heute Abend nach der offiziellen Bescherung noch ein paar Überraschungen von deinem Freund auspacken könntest. Aber offensichtlich habe ich mich da getäuscht.«

»Ich muss jetzt wieder rein. Die warten bestimmt schon.«

»Und was soll ich jetzt mit den Blumen und so machen?«

»Keine Ahnung. Ich kann sie jedenfalls nicht mitnehmen.«

Und weg war Kristina. Eigentlich hätte ich mich sofort von ihr trennen sollen. Doch das tat ich natürlich nicht. Wieder einmal zeigte ich Verständnis und machte ihren Tyrannenvater für die Misere verantwortlich. Doch ganz verzieh ich Kristina dieses Mal nicht ...

Ich rächte mich. Auf die hinterhältigste Art, auf die sich ein Mann bei einer Frau rächen kann – durch Betrug.

Wie jedes Jahr traf ich mich nach dem Gottesdienst an Heiligabend mit früheren Schulkollegen zum Jahrgangstreffen in der Stadt. Kristina nahm nie daran teil, ihr waren die alten Schulkollegen nicht wichtig genug. In meinem Auto lagen noch immer die Geschenke, mit denen ich sie eigentlich hatte erfreuen wollen. Bei meinen Eltern zu Hause hatte ich am Nachmittag keine Chance gehabt, sie wieder ins Haus zu schmuggeln. Und die Blöße, ihnen von diesem lächerlichen Streit zu erzählen, wollte ich mir nicht geben. Wie hätte das auch geklungen? »Kristina hat ihre Geschenke nicht annehmen können, weil es ihre Eltern sonst mitbekommen hätten. Und in deren Haus darf ich ja nicht.« Also hatte ich beschlossen, sie in der Nacht reinzuschmuggeln. Doch dann fand ich eine bessere Verwendung für die Geschenke.

Nach dem Jahrgangstreffen brachte ich Anna, eine ehemalige Mitschülerin, nach Hause. Vor der Haustür ihrer Eltern drückte ich ihr die Blumen und Ohrringe in die Hand.

»Frohe Weihnachten und gute Nacht«, flüsterte ich und hauchte ihr einen Kuss auf die Wange.

»Womit habe ich das denn verdient?«, fragte sie vollkommen überrascht.

»Die ehrliche Antwort lautet: ›Ich habe dafür keine Verwendung mehr. Meine Freundin hat gestern mit mir Schluss gemacht. Also entweder landen die Blumen im nächsten Mülleimer oder sie bereiten dir ein paar Tage Freude. Und die Ohrringe kann ich nicht umtauschen. Hab sie in Paris gekauft. So schnell bin ich da nicht mehr. Probier sie mal an. Sie stehen dir bestimmt gut.‹

Aber charmanter wäre wohl: ›Ich war schon ewig verrückt nach dir und habe mich heute endlich getraut, es dir zu sagen.‹«

»Stimmt, Antwort zwei ist besser. Die nehme ich«, lachte Anna. »Kommst du mit rein?«

Zehn Minuten später rissen wir einander die Klamotten vom Leib. Vögelten einmal, vögelten zweimal. Und beschlossen, das mal zu wiederholen, wenn uns danach wäre.

»Hat Spaß gemacht. Meld dich einfach, wenn du in der Nähe bist und Lust hast. Nächstes Weihnachten hätte ich dann gern die passende Halskette.«

Als ich im Auto saß und zu meinen Eltern fuhr, blickte ich auf den halb geplünderten Geschenkkorb auf dem Rücksitz.

Das hast du jetzt davon, Miststück, dachte ich mir. Es fühlte sich irgendwie gut an, es Kristina heimgezahlt zu haben. »Wenn du mich so behandelst«, sagte ich laut vor mich hin, »dann hast du es auch nicht besser verdient. Für jede Demütigung besorg ich's einer anderen Frau.«

So wurde ich zu dem Scheißkerl, der ich heute bin. Ein Typ auf der ständigen Suche nach bedeutungslosem Sex. Einfallsreich und gewissenlos.

KAPITEL 2

»Ab acht Punkten würde ich mit den Frauen ins Bett gehen.«

Meine Abenteuer beginnen meist bei der Arbeit. Seit meinem Wechsel nach Berlin ziehe ich die Fäden hinter den Kulissen des großen Sports. Was ich mache? Das ist sehr kompliziert. Meine Eltern haben bis heute nicht verstanden, womit ich genau mein Geld verdiene. Sie haben kapiert, dass ich Sportler und Sport-Events vermarkte. Dass mein Handy randvoll ist mit wichtigen Nummern. Dass ich verdammt viel reise, nur noch aus dem Koffer lebe und in Kreisen verkehre, die selbst Professor Doktor Gott vor Neid erblassen lassen würden. Ich bin oft in Russland und den Golfstaaten unterwegs, also da, wo das große Geld ist. Und ich sitze, wie ich es mir einst erträumt habe, in den VIP-Räumen und verhandele hinter den Kulissen. Ich treffe Leute, die viele Menschen in unserer Gesellschaft anhimmeln. Ich inszeniere die Geburt von Helden und versuche, ihre Abstürze abzufedern. Ich lebe in einer Welt, nach der sich viele sehnen. Ich gehöre dazu, bin ein Protagonist. Und profitiere von ihr – nicht selten auch im Bett. Wie zum Beispiel beim »Ball des Sports«, *dem* VIP-Treff.

Während die Stars, die Beckenbauers und Kerners, sich im grellen Blitzlichtgewitter der Fotografen über den roten Teppich quälen, mühevoll Meter um Meter zurücklegen, bis sie endlich die abgeschirmten Hallen erreicht haben, in denen die VIPs unter sich sind und ungestört feiern können, drückt bei mir niemand ab, wenn ich über den roten Teppich in die Rhein-Main-Halle in Wiesbaden gehe. Kaum ein Fotograf und nur die wenigsten Journalisten kennen mich überhaupt. Autogrammjäger habe ich nicht. Dennoch bin ich Teil dieser Scheingesellschaft, die mir vorgaukelt, dass sie mich gern in ihren Reihen empfängt. Die mich liebt, wenn ich fette Werbedeals an Land ziehe, und mich gleichzeitig hasst, wenn sie satte Provisionen von »ihren« Millionen an mich abzudrücken hat. In meiner Branche verkehren viele Aasgeier und falsche Hunde. Sie ruinieren mit ihren schmutzigen Geschäften auch meinen Ruf. Sie versuchen, hinter meinem Rücken meine Deals platzen zu lassen und meine Klienten abzuwerben. Wenn ich sie treffe, lächeln sie mir ins Gesicht. Doch in Gedanken wünschen sie mir die Pest an den Hals.

Drinnen sprudelte der Champagner literweise. Die Kellner nervten mit ihrer übertriebenen Höflichkeit. Ich war einer der 1800 Gäste, von denen einige angeblich 1.000 Euro hingeblättert hatten, um dabei sein zu dürfen. Ich weiß, dass ich im Vergleich zu den Sportgrößen unwichtig bin. Streng genommen bin ich ein Handlanger dieser Gesellschaft. Doch weil ich sie reich mache, bekam ich einen guten Tisch und gute Sitznachbarn. Mir schüttelten viele an diesem Abend die Hand. Mein Jahr war gut gelaufen. Es hatte sich herumgesprochen, dass ich Anfang des Jahres einen großen Deal für einen Klienten abgeschlossen hatte. 800.000 Euro würde er pro Jahr bringen. Laufzeit drei Jahre. Und wenn »mein Junge« Topleistungen erbrachte, könnte er sogar insgesamt auf über drei Millionen kommen. Allein mit seiner Unterschrift hatte ich 70.000 Euro verdient. Vielleicht sollte ich Professor Doktor Gott mal einen Kontoauszug zeigen, um in seinem Ansehen zu steigen.

Bis Mitternacht war ich seriös, führte Gespräche, schob mich durch den Saal, von einem Small Talk zum nächsten. Solche Veranstaltungen sind die wichtigsten Kontaktbörsen. Hier wird die Grundlage fürs Geldverdienen gelegt. Es geht ums Sehen und Gesehenwerden. Und darum, einen Informationsvorsprung zu haben. Hier erfährt man, wenn man Glück hat, zum Beispiel, ob Sportler nach Verletzungen doch nicht in die Weltspitze zurückkehren. Die richtigen Kontakte können einem vor allen anderen verraten, wann Werbeetats umgeschichtet werden sollen. Ich muss nur zuhören, selbst mal die ein oder andere Info lancieren und mir einige Tage später mein Insiderwissen zunutze machen. So sieht mein Job aus. Ich muss mich, meinen Sportler oder mein Event als Höhepunkt des Jahres verkaufen. Meistens beim Essen, oft vom Büro aus und dann und wann auch bei solchen Partys. Früher bin ich immer erst nach Mitternacht zu Bett gegangen. Aber seit ich meinen Racheplan an Kristina verfolgte, gab es auch noch den angenehmen Teil solcher Abende: Wenn der seriöse Teil vorbei ist, verwandle ich mich. Und die Jagd beginnt.

Beim Ball des Sports blieben mir noch genau zwei Stunden dafür. Denn ab einer gewissen Uhrzeit sind die besten Frauen vergeben oder gehen nach Hause. Es gab gratis Jägermeister auf Eis in der Lounge des Tourismuszentrums Ischgl und man konnte Zigarren in der Playboy-Area testen. Blonde und brünette Schönheiten hoppelten hier zwischen den Gästen umher und schnitten den vorderen Stummel der Zigarre mit einem scharfen Knipser ab. Die Bunnys hatten ein weißes Stummelschwänzchen am Hintern kleben. Und sie waren absolut heiß. Keines der Mädels war schlechter als zwölf Punkte.

Mein Punktesystem ist wie das Wertungssystem der Oberstufe: 15 ist das Limit, ab acht Punkten würde ich mit den Frauen ins Bett gehen. Eventuell sogar schon mit einer Sieben. Dafür muss mein Verstand aber schon reichlich vernebelt sein. Einige meiner Freunde, die sogar Buch darüber führen, wie ihre Gespielinnen abgeschnitten haben, haben ihr Punktesystem deutlich verfeinert. Die Gesamtoptik bewerten sie mit Buchstaben von A bis Z. Mit Zahlen von eins bis zehn benoten sie, wie leicht es war, das Objekt der Begierde zu erobern. Und darüber hinaus können sich die Frauen bis zu zehn Punkte verdienen, wenn sie im Bett alles geben. Mein Freund Daniel wertet so. Natascha, seine letzte Eroberung, war demnach ein absoluter Volltreffer: C,4,8 – so steht es neben ihrem Namen auf dem gelben Post-it, von denen Dutzende in Daniels Singlewohnung seinen Kühlschrank übersäen. Sogar geordnet. Wobei ihm noch nicht ganz klar ist, ob eine D,8,6 – also eine hübsche Frau, die er lange überreden musste und die im Bett Durchschnittliches geleistet hat – höher postiert sein sollte als eine G,4,9 – also eine weniger hübsche, die dafür das Kamasutra beherrscht.

Meine Ball-des-Sports-Eroberung war eine F,3,6. Oder nach meinem System: eine Acht. Erst lange nach Mitternacht habe ich sie kennengelernt. Aber zum Glück noch vor zwei Uhr. Ebendieser magischen Grenze. Ab zwei geht nichts mehr. Frauen, die dann noch aufreizend tanzen, sind die, die bisher keinen abbekommen haben. Die, die so frustriert sind, dass sie an der Bar selbst die Initiative ergreifen. Die, die den Männern die Jagd abnehmen und sich eindeutig als Beute präsentieren. Kurzum: die, die keiner will. Wenn ich bis zwei Uhr keine gefunden habe, war der Abend schlecht. Nicht mehr und nicht weniger. Das passiert etwa an fünf Abenden im Jahr. Aber nicht an jenem Abend. Allerdings hatte ich mir auch ein Opfer aus der Gruppe der leicht zu Habenden ausgesucht: eine Hostess. Davon laufen an die hundert an einem solchen Abend herum. Sie werden vom Veranstalter gebucht, um die Frauenquote zu erhöhen. Meistens sind es Studentinnen, die es für zehn Euro pro Stunde über sich ergehen lassen, nicht mehr als ein netter Blickfang zu sein. Perfekt geschminkt, mit Dauerlächeln und einer atemberaubenden Figur in den eleganten sexy Kleidern, die sie für einen Abend gestellt bekommen.

Die meisten Gäste sabbern schon früh am Abend beim Anblick der prall gefüllten Hostessen-Dekolletés. Sie gaffen ungeniert in Ausschnitte, baggern plump und dreist. Widerspruch müssen sie nicht fürchten, denn der ist Hostessen untersagt. Immer schön nett sein, dafür gibt es Geld.

Ich habe für solche Gelegenheiten meine ganz eigene Taktik entwickelt. Schon früh, sobald ich ankomme, suche ich mir zwei, drei Hostessen aus, die mir gefallen. Dann spreche ich kurz mit ihnen, fünf Minuten reichen. Frage nach ihrem Studium und in welchem Semester sie sind. Ich erzähle ihnen, wie es mir imponiert, dass sie so gelassen bleiben können, bei so vielen ungehobelten, schwanzgesteuerten Kerlen, die meinen, sich alles erlauben zu können. Dann verziehe ich mich wieder. Ohne Anmache, ohne mich mit ihnen für später verabredet zu haben. Einfach mit der Gewissheit, dass sie mich für einen besseren Menschen halten als 90 Prozent der übrigen Gäste.

Gegen Mitternacht endet ihr Hostessenjob. Dann gehen sie feiern. Sie mischen sich als normale Mädchen unter die Gäste. Es wird angestoßen. Zwei, drei Sekt darauf, dass der Job erledigt ist. Meist auf nüchternen Magen. Denn seitdem sie sich für den abendlichen Job umgezogen und geschminkt haben, haben die meisten Hostessen nichts mehr gegessen. Da wirken zwei, drei Sekt schnell betörend. Und genau dann muss ich da sein. Mit dem Klirren beim Anstoßen der Gläser beginnt mein Abenteuer.

Sie hieß Marie, war 26 und Chemiestudentin. Ihre naturblonden Haare lagen inzwischen nicht mehr so perfekt wie noch vor sechs Stunden, als sie mir irgendetwas über Aminosäuren und wasserstofflösliche Bindungen erzählt hat.

»Chemie hatte ich damals als Leistungskurs in der Schule«, sagte ich ihr, damit wir eine Gemeinsamkeit haben. Ich hatte schon alle Fächer. Sogar Religion – Lügen gehört dazu.

Marie erinnerte sich sofort an mich, als ich sie an der Bar ansprach. »Du bist doch der nette Kerl von vorhin«, sagte sie. »Ich war schon ein wenig sauer, dass du mich einfach so stehen lassen hast.« Volltreffer. »Aber jetzt rennst du mir nicht so schnell wieder weg.«

Sie lachte. Ihre weißen Zähne blitzten wie frisch nach einem Bleaching. Nur ihre blaugrünen Augen sahen müde aus. Das Strahlen, das mich am frühen Abend so fasziniert hatte, war verschwunden. Stattdessen war ihr Blick schon ein wenig glasig und unter ihren Augen zeichneten sich Schatten ab – selbst die stärkste Abdeckcreme ist gegen das aggressive Neonlicht im Discobereich machtlos.

»Lass uns tanzen«, sagte Marie und zog mich schwungvoll auf die Tanzfläche. Sie war barfuß. Nach etlichen Stunden auf Zehn-Zentimeter-Absätzen könne sie diese elenden Schuhe nicht mehr ertragen. Wir tanzten drei Lieder lang, dann hatte ich keine Lust mehr. Die Zeit lief mir davon. Irgendwann würde sie sonst noch erzählen, sie sei jetzt leider müde. Außerdem müsse sie morgen schon wieder ganz früh zurück und habe auch noch so viel für die Uni zu tun. »Aber ich würde dich gern wiedersehen.« Zu oft habe ich diesen Satz in meiner Anfangsphase gehört. Ich war zu langsam, zu schüchtern. Habe die Regeln des Aufreißens einfach nicht verstanden. Mir blieb dann lediglich eine Handynummer und die vage Chance auf ein Date. Doch jetzt beherrsche ich die Regeln. Binnen einer halben Stunde musste ich mit ihr rumknutschen. Dann hätte ich gewonnen.

Die meisten VIP-Partys werden gesponsert. Sony baut zum Beispiel Sitzecken mit Playstations auf. Es gibt vielleicht Massagebereiche oder aber – wie auf dem Ball des Sports – Torwandschießen, Handballtore und Tischtennisplatten. Perfekt für Phase drei: das alberne Näherkommen. Marie musste mich witzig finden, mir vertrauen, aber bloß nicht den Eindruck bekommen, ich wolle nur mit ihr ins Bett. Deshalb ging ich auch nicht gleich mit ihr raus auf den Balkon, von wo aus man einen unglaublichen Blick über Wiesbaden hat. Der Balkon war der letzte Teil meines Plans. Erst musste ich knapp gegen sie beim Pingpong verlieren. Es wäre eine Sache von Minuten gewesen, Marie an der Platte zu putzen. Sie spielte grauenvoll, hatte keinerlei Koordinationsvermögen für hüpfende Bälle und einen flachen Holzschläger. Typisch Frau. Aber ich stellte mich einfach noch dümmer an als sie. Immerhin spielten wir um eine Massage für den Gewinner, meinen Standardeinsatz. Natürlich angezogen, nur oberhalb der Kleidung. Nichts Verwerfliches also. Und immer bin ich der Verlierer, der massieren muss.

Es war frisch geworden. Vielleicht 18 Grad, aber eine wunderschöne, sternenklare Nacht. Wir standen inzwischen auf dem Balkon, blickten auf Wiesbaden und stießen an mit Black Eye, einem Cocktail mit Wodka.

Nach nur wenigen Minuten wurde Marie in ihrem dünnen Cocktailkleidchen kalt. Bingo, dachte ich mir, und Phase vier, die letzte meines Aufreißplans, begann. Ich stellte mich dicht hinter Marie, nahm sie zärtlich in den Arm und wärmte sie. »Danke«, hauchte sie und blickte verlegen zu Boden.

»Ich hoffe, dass ich jetzt nicht zu plump bin«, heuchelte ich.

»Nein, gar nicht, ich finde es sogar total süß, dass du so schüchtern bist.«

Was, bitte? Schüchtern? Ich? Nur schwer konnte ich ein Lachen unterdrücken. Doch bevor ich mir weiter Gedanken machen musste, drehte sich Marie um und küsste mich. Leidenschaftlich fuhr sie mir mit den Händen durchs Haar. Ich hasse das. Spätestens jetzt war meine Frisur ruiniert. Und Maries Hände klebten von meinem Haargel. Egal. Sie küsste sensationell.

»Das hätten wir schon auf der Tanzfläche machen können«, sagte sie mir mit einem zuckersüßen Lächeln. »Aber du musstest ja erst deinen männlichen Spieltrieb befriedigen ... Da fällt mir ein: Mir steht ja noch eine Massage zu.«

»Klar, sollst du bekommen. Aber wo machen wir das? Ich könnte dir anbieten, mit zu mir ins Hotel zu kommen. Da ist es warm, gemütlich und du bekommst eine Super-Mega-Deluxe-Massage. Aber nicht falsch verstehen. Wüsste nur nicht, wo wir das sonst machen sollten.« Verdammt, war ich gut. Ich spielte den verlegenen, schüchternen kleinen Jungen, der keiner Frau etwas zuleide tun konnte.

»Keine Angst, ich melde mich schon, wenn du übers Ziel hinausschießt.«

Hand in Hand verschwanden wir, rein ins Taxi und ab zum Hotel. Vier Sterne, 105 Euro pro Nacht. Gesponsert.

»Du wohnst aber nett.« Marie grinste. Sie wohnte mit zwei Freundinnen in einer kleinen Studenten-WG. Mein Leben kam ihr pompös und fremd vor. Um die Welt jetten, beinah jede Woche in einer anderen Stadt. Ich fliege nach New York, London, Los Angeles, Paris, Wien, Zürich, Barcelona und Moskau. Außerdem in fast jede deutsche Großstadt. Doch mehr als die Flughäfen und die Hotels kenne ich oft nicht. Meist fliege ich morgens mit dem ersten Flieger um sechs Uhr los. Und abends mit dem letzten zurück. Aufstehen um vier. Im Flieger gehe ich Vertragsentwürfe durch, lese Dossiers über denjenigen, den ich gleich treffen werde. Ob Marketingvorstand oder Sportler: Ich muss ihre Vorlieben kennen. Ich muss wissen, was sie mögen und hassen. Nur so beißen sie an. Landung, mit dem Taxi zum Ziel. Verhandlungen. Zurück. Feierabend gegen Mitternacht. Mindestens einmal die Woche sieht mein Tag so aus.

Heute Nacht hatte ich Zimmer Nummer 136. Ein Doppelzimmer, weil das Hotel sonst vollständig ausgebucht war. Während sich Marie kurz im Bad frisch machte, bestellte ich bei der Rezeption den Weckruf für sechs Uhr. Am nächsten Morgen ging es weiter nach Hamburg. Es war 1:42 Uhr.

»Und? Bekomme ich jetzt meine Super-Mega-Deluxe-Massage?«, fragte Marie, die sich von hinten an mich rangeschlichen hatte.

»Klar.«

Sie legte sich aufs Bett, nahm ihren blonden Zopf aus dem Nacken und zog die Träger ihres Cocktailkleides runter. Sanft streichelte ich ihre Schultern, knetete ihren Nacken.

»Besser geht es nicht«, sagte ich. »Dein BH stört.«

Die Auszieherlaubnis erfolgte prompt. Drei Minuten, die mir wie zehn vorkamen, verwöhnte ich sie.

»Das ist gut«, murmelte sie. Dann drehte sie sich um, zog mich zu sich runter und küsste mich.

»Aber jetzt will ich ein anderes Programm«, sagte sie bestimmt.

KAPITEL 3

»Ist das jetzt ein Treuetest, oder was?«

Ich muss ständig neue Gespielinnen suchen. Andauernd bin ich auf der Jagd. Es steckt sogar ein richtiges System dahinter, in dem nichts dem Zufall überlassen bleibt. Schließlich will ich keinen Leerlauf haben. Daher habe ich auch niemals nur eine Frau am Start. Meine Akquise ist immer kurz-, mittel- und langfristig angelegt. Minimal fünf Frauen müssen sich permanent in der Kennenlernschleife befinden. Die Kennenlernschleife ist die Phase, in der ich mindestens einmal pro Woche mit den Frauen flirte. Wir schicken einander SMS, schreiben E-Mails oder Nachrichten bei diversen Internetportalen. Strategisch gewinne ich ihr Vertrauen, werde zum besten Zuhörer für sämtliche Probleme, bis sich dann irgendwann die Gelegenheit für ein Treffen bietet.

Häufig beginnen solche Romanzen bei Facebook, XING oder studiVZ. Eigentlich dienen diese Portale dazu, Wirtschaftskontakte aufzubauen oder sich mit alten Studienkollegen zu vernetzen und in Kontakt zu bleiben. Es werden Informationen über Professoren ausgetauscht, Lehrmaterialien hin und her geschickt oder es wird einfach nur geflirtet. Facebook und studiVZ sind für meine Zwecke ein Segen – die perfekten Flirtbörsen. Wenn man weiß, wie man es machen muss. In der Suchmaske klickt man auf »Suche: Dating«, gibt die gewünschte Stadt ein, das Geburtsjahr und den derzeitigen Beziehungsstand »solo«. Dann arbeitet man die Treffer wie Bewerbungsmappen nacheinander ab. Man klickt durch die Profile und schreibt Nachrichten, in der Hoffnung, vom Objekt der Begierde Antwort zu bekommen. Wahrscheinlich gehen Tausende frustrierter Singles täglich so vor. Aber ich wette, sie sind zu plump und haben keine Ahnung, wie man es richtig anstellt.

Allein um mein Profil zu erstellen, habe ich mehr als sechs Stunden gebraucht. Denn nur wenn die Mädels auf meiner Seite hängen bleiben, kriege ich sie irgendwann ins Bett. Ich darf nicht wie ein Aufschneider wirken, aber auch nicht langweilig. Nicht aufgesetzt, aber trotzdem interessant. Allein die Fotoauswahl hat mich zwei Stunden gekostet. Es gibt nicht nur Bilder von mir in fast jeder interessanten europäischen Stadt, sondern zum Beispiel auch vor den Petronas Towers in Kuala Lumpur, vor den Victoria Falls und in Moskau. Mit Stars. Fußballern, Tennisspielern, Promis aus dem Fernsehen. Ein nettes Schicksal meines Jobs und bestimmt für viele faszinierend. Aber leider wirkt es auch nach purer Angeberei. Niemals würde ich solche Fotos nutzen. Erstens, weil es mich unseriös erscheinen ließe – und ich würde niemals meinen Ruf und meine Karriere aufs Spiel setzen –, zweitens schrecken solche Poser-Fotos Frauen ab. Ich muss mich nicht im Glanze der Stars sonnen. Es geht um mich. Sie sollen von mir fasziniert sein und nicht von denen, mit denen ich mich zeige. Ich zeige mich sportlich, lustig, albern, elegant. Frau soll alle meine Facetten sehen – aber natürlich nur die guten.

Ich bin, so sagt mein Profil, Workaholic und mein Vorbild ist Warren Buffet. 50 Milliarden Dollar schwer ist der Amerikaner, dabei verdiente er sein erstes Geld als Zeitungsbote, mit der Vermietung von Flipperautomaten und dem Verkauf von gebrauchten Golfbällen. Mit elf Jahren kaufte er seine ersten drei Aktien – heute ist er der drittreichste Mann der Welt. Genauso zielstrebig bin ich auch. Absolut karrieregeil, fixiert auf Macht und Geld.

Um mein »Lieblingszitat« zu finden, das das Profil ebenfalls verlangt, habe ich weitere Stunden gebraucht. Ich wollte auf keinen Fall eines dieser Nullachtfünfzehn-Zitate, das jeder schon hundertmal gehört hat. Auch kein plumpes und unter keinen Umständen ein abschreckendes. Aber zum Glück schuf das Internet Abhilfe. »Es dauert zwanzig Jahre, sich eine Reputation zu erwerben, und fünf Minuten, sie zu verlieren. Wenn man das im Auge behält, handelt man anders«, zitiere ich Buffet. Den französischen Moralisten Nicolas Sebastian Roch lasse ich die Worte »Liebe ist der Austausch zweier Fantasien und die Berührung zweier Hautschichten« für mich sprechen. Außerdem steht in meinem Profil: »Liebe ist eine tolle Krankheit – da müssen immer gleich zwei ins Bett.« Nicht besonders tiefsinnig oder einfühlsam, aber schön provozierend. Wie oft wurde ich schon angeschrieben, von Mädels, die tatsächlich auf meiner Seite hängen geblieben sind: Was ich doch für tolle Zitate hätte! »Mit dir möchte ich auch mal krank sein«, schrieb eine mal. Es gibt Wochen, in denen schreibe ich dreißig Frauen an. Es ist keine Seltenheit, dass einige mehrfach Post von mir kriegen. Ich kann mir ja nicht merken, bei wem ich es schon probiert habe.

Meistens beginnt meine Suche in der Wartehalle am Flughafen. Morgens um sechs, wenn ich die ersten Zeitungen durchgelesen habe und sämtliche Mails aus meinem Postfach beantwortet sind. Wenn ich weiß, dass ich in wenigen Wochen in Stuttgart sein werde, checke ich, was die schwäbischen Hochschulen zu bieten haben. Und wenn ich bald nach Hamburg komme, leiste ich dafür Vorarbeit. Nachts habe ich ohnehin nichts zu tun. Liege allein in Hotelzimmern und langweile mich. Was gäbe es da Sinnvolleres gegen die Langeweile als Sex? Für meine Flirtoffensiven habe ich einen Standardtext verfasst. Er ist das Ergebnis zahlreicher Anläufe. Immer wieder habe ich Sätze umformuliert, Anspielungen reingeschrieben und wieder herausgenommen, mal war ich platter, mal poetischer. Irgendwann hatte ich endlich den Text, von dem ich wusste, dass er den gewünschten Erfolg bringen würde. Ich muss eigentlich immer nur den Namen austauschen. Und ein, zwei Sätze individuell auf das Profil der jeweiligen Frau abstimmen. Frau muss merken, dass ich mich mit ihr »auseinandergesetzt« habe.

»Sorry (Name), danke für deine nette Nachricht. Ich kenne dich zwar nicht, aber ich gehe mal nicht davon aus, dass du mit Absicht einen falschen Adressaten eingegeben hast. Oder? Na ja, auf jeden Fall warst du gerade meine Rettung. Ich bin in Barcelona, es regnet und ich komme um vor Langeweile. Du bist also das Beste, was mir gerade passieren konnte – mein Spanisch ist leider zu schlecht, um ›Wer wird Millionär‹ verstehen zu können. Und sonst kommt auch nur Mist im Fernsehen. Übrigens: Nettes Profil. Wieso …«

So unglaublich es klingt: Es funktioniert. Ich unterstelle den Frauen einfach, sie hätten mich angeschrieben und ich würde nur antworten. Dabei bin ich derjenige, der sie aussucht und ihnen die erste Nachricht schickt. Trotzdem kommen immer verwunderte Antworten, wie: »Das ist ja komisch. Ich hab dir keine Nachricht geschickt. Aber was machst du in Spanien? Du scheinst laut deinem Profil viel unterwegs zu sein …«

Und schon sind wir im Gespräch. Ich antworte, stelle neue Fragen. Dann ist sie wieder dran. Und irgendwann, wenn ich mal »zufällig« in ihrer Nähe bin, treffe ich sie zum Essen. Natürlich zahle ich. Und bingo!

Noch etwas ist an meiner vielen Reiserei vorteilhaft: Ich bin immer unter Menschen. Wo flirtet es sich denn besser als im Zug oder am Flughafen? Die meisten Leute sind doch dankbar, sich nett unterhalten zu können, anstatt stumpfsinnig in der Gegend rumzustarren. Sie empfinden die Reiserei oder Warterei als nervige Zeitverschwendung. Sie lesen, hören Musik, schicken SMS. Nichts, wovon man eine Frau nicht ablenken könnte. Meist reicht schon ein Blick aufs Buchcover, um sie anzuschalten.

»Haben Sie das auch gelesen? Nein? Kann ich nur empfehlen. Es geht um einen Mann, der …«

Geschafft. Sie redet mit mir. Dann hab ich sie. Denn reden kann ich.

Mit Reden verdiene ich quasi meine Brötchen. Ich muss Leute davon überzeugen, dass sie Geld dafür bezahlen, dass ein Hindernis beim Springreiten den Namen ihrer Firma trägt. Ich muss so überzeugend auftreten, dass meine Sportler als perfekte Repräsentanten eines Werbepartners durchgehen. Ich quatsche also ständig. Mal Small Talk, irgendwelchen belanglosen Mist, vielleicht über Topmodels und Castingshows. Mal muss ich mich über Dax-Unternehmen, Steueraffären und Polit-Skandale unfallfrei unterhalten können. Reden ist meine Stärke. Meine Erfolgsquote im Zug und im Flugzeug, ja sogar im Supermarkt liegt bei 60 Prozent. Ironie, Wortwitz, Sarkasmus – damit komme ich an. Schon in der Uni hatte ich am meisten Spaß, wenn es etwas zu diskutieren gab. Dann war ich Feuer und Flamme. Diskussionen waren meine Leidenschaft. Ich liebte es – und liebe es noch heute –, im Mittelpunkt zu stehen. Ich genieße es, wenn die Leute an meinen Lippen hängen, sich von mir einlullen, überzeugen oder unterhalten lassen. Wenn ich ein Referat halten musste, war es mir fast wichtiger, dass ich eine gute Präsentation hinlegte, als durch Inhalte zu überzeugen. Für mich war der Auftritt entscheidend. Dass ich souverän war, mich nicht allzu oft verhaspelte und vor allem, dass sich die Leute unterhalten gefühlt haben und sich niemand gelangweilt hat. So funktionieren auch meine Anmachen. Viel besser als etwa in der Disco, wo ich eine unglaublich schlechte Ausbeute habe. Obwohl ich mir selbst optisch zwölf Punkte geben würde. Ich bin groß, schlank und sportlich. Und habe ein Gesicht, an dem die Leute interessiert hängen bleiben. Meistens bemerken sie nicht sofort, was das Besondere daran ist, aber sie schauen sich fest, gehen in meinem Gesicht spazieren, bis ihnen das Ungewöhnliche auffällt – meine unterschiedlichen Augenfarben. Das linke ist grün, das rechte blau. Iris-Heterochromie nennt man das. Bei nur vier von einer Million Menschen soll es keine Beeinträchtigung zur Folge haben – ich gehöre dazu. Ich sehe scharf, brauche keine Sehhilfe und die Frauen verlieren sich geradezu in meinen Augen.

Und noch etwas macht mich interessant. Eine Narbe über dem linken, dem grünen Auge. Sie ist nur wenige Millimeter lang, sticht nicht sofort ins Auge. Doch es gibt sie. Und immer wenn ich darauf angesprochen werde, spinne ich eine Heldengeschichte drumherum. Es ist immer der gleiche Text, immer mit der gleichen Betonung vorgetragen, immer mit dem identisch aufgesetzten Gesichtsausdruck.

»Woher ich die Narbe habe? Das glaubst du eh nicht, weil es so sehr nach Klischee und erfundener Geschichte klingt.« Kurze Pause. »Aber gut. Falls du irgendwann mal meine Mutter treffen solltest, kannst du sie gern fragen.« Kurze Pause. »Ich war in meinem Leben nur in eine einzige Schlägerei verwickelt. Darauf bin ich alles andere als stolz. Insbesondere weil ich sie auch noch verloren habe.« Kurze Pause. »Ich war in einer Bar, da hat sich ein Kerl mit seiner Freundin heftigst gezofft. Der hat sie so an der Schulter geschubst, dass sie vom Barhocker geflogen und mit dem Kopf auf den Boden geknallt ist.« Etwas längere Pause. »Ich habe ihm gesagt, dass es jetzt ja wohl reicht und er sich verziehen soll. Als ich ihr dann aufgeholfen habe, hat er mich rumgerissen und mir eine Flasche über den Kopf gezogen, knapp übers Auge. Dann ist er weggerannt.« Pause. »Jedenfalls hat es mir das Mädel so erzählt, als ich im Krankenhaus aufgewacht bin. Als richtige Prügelei kann man es eigentlich nicht bezeichnen. Hab ziemlich versagt. Ein Schlag und gleich k.o.!« Die meisten Frauen sagen dann so etwas wie: »Immerhin hast du die Frau gerettet.« Oder: »Ich finde es gut, dass du nicht zugeschlagen hast. Macht dich viel sympathischer.«

Meine Narbe ist – genauso wie meine unterschiedlichen Augenfarben – ein Türöffner. In Wahrheit hat mich einfach nur die Katze meiner Eltern gekratzt, die Wunde hat sich entzündet und ist nie ganz verheilt. Aber damit würde ich nicht punkten können.

Doch trotz allem lande ich in der Disco kaum einen Treffer. Obwohl ich für einen Mann relativ gut tanze. Aber die platte Anmache ist nicht mein Ding. Ich muss reden. Laute Musik ist mein Feind. Durch einen Blick, kurzes Tanzen und drei knackige Sprüche bekomme ich kaum eine ins Bett. Da ist meine Quote ein Drama. Auf neunzehn Körbe kommt nur ein One-Night-Stand. Vielleicht liegt es auch daran, dass man den Grün-Blau-Unterschied meiner Augen in dunklen Clubs nicht sieht ... Anders, wenn ich Frauen im Baumarkt, beim Bäcker oder selbst beim Shoppen anspreche. Shoppen. Für die meisten Männer gibt es nichts Schlimmeres. Stundenlang vor Schuhregalen stehen, stumpfsinnig zuschauen, wie Frau einen Kleiderständer nach dem nächsten inspiziert. Und ständig dieses »Schatz, guck mal. Ist das nicht hübsch?« Ich hasse das auch. Trotzdem gehe ich ohne zu murren mit, wenn Kristina wieder eine ihrer Shopping-Touren startet. Eigentlich ist das jedes Wochenende der Fall. Samstags steht sie spätestens um elf Uhr in den Startlöchern. Ausgeschlafen, vom Frühstück gestärkt und immer mit flachen, bequemen Schuhen ausgerüstet. Schließlich werden wir auch heute wieder durch die ganze Stadt rennen. Da darf das Einkaufserlebnis nicht durch drückende Absätze gestört werden. Wir machen immer die gleiche Tour. Einmal pro Woche, vier Mal pro Monat, 52 Mal im Jahr. Erst Diesel, dann Boss, später Esprit und anschließend ungefähr fünf weitere Läden, die Frauenherzen höher schlagen lassen. Hauptsache Stoffe und es glitzert immer schön. Kristina geht vor, ich trotte wie ein Lemming hinterher. Doch das war es dann auch schon, was uns bei diesen Touren verbindet. Denn während Kristina ihre Neugier bei der Sichtung der neuesten Kollektionen befriedigt, beobachte ich ohne ihr Wissen ungeniert Frauen. Ich schaue ihnen hinterher, mustere sie von oben bis unten und verteile Punkte. Ich spanne, ohne dass es eine merkt. Und schlimmer noch: Ganz besondere

Frauen spreche ich sogar an, während Kristina direkt nebenan in der Kabine verschwunden ist. Selbst Shoppingtrips gehören für mich zur Jagd. Der Jagd nach neuer Beute. Riskant, aber doch so reizvoll, dass ich das Risiko in Kauf nehme, dass Kristina zu früh aus der Umkleide kommt und mich erwischt.

Eigentlich ist mein Rezept ganz simpel. Frauen betteln ja förmlich darum, von ihren Freunden und Männern beachtet zu werden. Sie versuchen, uns einzubeziehen, uns teilhaben zu lassen an ihren Einkaufserlebnissen und diesen kleinen Glücksmomenten, wenn ein neues Teil perfekt passt. Doch uns interessiert das gar nicht. Die männlichen Begleiter sind immer genervt. Die Gleichgültigkeit springt ihnen förmlich aus dem Gesicht. »Ist mir doch egal, ob du das rote oder grüne Oberteil nimmst. Hauptsache wir kommen hier schnell raus.« Und das ist meine Chance: Ich drücke mich vor der Anprobe herum und bekomme – so denkt die jeweilige Frau jedenfalls – nur zufällig mit, wie sie sich Rat suchend im Spiegel mustert. Mit einem kurzen Lächeln fange ich ihren Blick ein. Dann werde ich zum römischen Kaiser und hebe oder senke meinen rechten Daumen. Früher ging es um das Leben von Gladiatoren. Der Fingerzeig deutete an, ob der Kampf gefallen hatte oder nicht. Heute entscheide ich über den Kauf neuer Kleider. Ich darf dabei auf keinen Fall arrogant wirken, nur wie ein edler Ritter, der seine Dienste als Einkaufsberater gern zur Verfügung stellt. Meist ist Frau dankbar für die unerwartete Hilfe, verschwindet noch mal in der Kabine und führt mir ein weiteres Stück vor, das bei ihr in die engere Auswahl kommt. Für diesen kurzen Moment gehöre ich ins Leben der hübschen Einkäuferinnen. Und habe auf einen Schlag so viele Sympathiepunkte gesammelt, wie ich sie sonst nur bei drei aufwendigen Dates zusammenbekommen würde. Auf jeden Fall genug Pluspunkte, um nun den entscheidenden Schritt meiner Flirtoffensive zu starten. Ich greife zu Stift und Visitenkarte und schreibe auf die Rückseite eine kurze, aber eindeutige Botschaft: »Da hat sich mein Studium der angewandten Einkaufsberatung doch gelohnt. Zur Belohnung würde ich mich über eine Einladung zu einem leckeren Wein freuen. Natürlich nur in deinem neuen heißen Fummel ...«

Ganz wichtig bei dieser Anmache: Frau muss mitkriegen, wie ich diese Aktion scheinbar spontan vorbereite. Sie muss denken, dass ich durch ihren Anblick dazu inspiriert wurde. Und natürlich, dass der Text einmalig und nur für sie sei. Dabei habe ich ihn schon für über fünfzig Frauen geschrieben. Für Singlefrauen, für verheiratete, für alte und junge. Einfach für all diejenigen, die mir vor der Umkleide gefallen haben. Es ist ein Standardtext, der mir die höchste Trefferquote beschert hat. Früher, als ich gerade erst begriffen hatte, wie schön Einkaufen doch sein kann, habe ich nur »Wow, dich muss ich wiedersehen!« geschrieben. Das Ergebnis war abfälliges Kopfschütteln, Naserümpfen, schlichtweg Ignoranz. Allerhöchstens ein mitleidiges Lächeln. Ich war zu direkt, zu wenig charmant, die Botschaft hatte keinen Humor. Heute lächeln die Frauen mich an, schmunzeln über mein Studium der »angewandten Einkaufsberatung«. Sie halten mich für witzig, kreativ und finden es gleichzeitig frech, dass ich für meine Beratung auch noch eine Einladung zum Wein einfordere. Und sie sind – so glaube ich zumindest – durch die Vorderseite der Visitenkarte gleichzeitig beruhigt, jemanden mit einem spannenden und vorzeigbaren Beruf getroffen zu haben.

Dann wird es höchste Zeit für mich, von dort zu verschwinden. Schließlich ist Kristina zeitgleich hinter einem anderen Vorhang. Allerdings braucht sie immer sehr lange. Kristina geht immer mit fünf bis zehn Teilen rein und probiert alle nacheinander hinter dem geschlossenen Vorhang an. Niemals tritt sie vor die Umkleide, um das Ergebnis im großen Spiegel zu begutachten. Sie will sich nicht, so hat sie es mir mal erklärt, vor »all den blöden Kühen« präsentieren. »Es war meine Idee, dieses Oberteil mit jener Hose zu kombinieren. Wenn die das alle sehen, kaufen sie es mir nach.« Sie glaubt auch, dass sich immer alle Leute im Laden an genau den Ständer stellen, an dem sie gerade ein besonders schönes Stück entdeckt hat, um es ihr nachzukaufen. Diskussionen sind zwecklos. Kristina ist überzeugt, die perfekte Einkäuferin zu sein und Kombinationen zu entdecken, auf die niemand anders auf der Welt kommen würde. Kristina ist von dieser Schwachsinnstheorie absolut überzeugt. Sie will übrigens auch nicht, dass ich zu ihr in die Kabine komme und ihr meine Meinung mitteile. »Dann denken doch alle, dass wir es hier miteinander treiben. Außerdem ist es dir doch eh egal, was ich anziehe.« Wie falsch Kristina da liegt. Aber letztlich ist genau das mein Glück. Schließlich kann ich nur so wenige Minuten ohne Bedenken auf Beutefang gehen. Denn mein Verschleiß an Frauen ist groß. Ich muss ständig akquirieren, sonst kann ich meine Fremdgehsucht nicht befriedigen.

Sobald ich meine Visitenkarte mit dem handgeschriebenen Spruch verteilt habe und meiner Traumfrau auf Zeit noch ein letztes Lächeln geschenkt habe, verschwinde ich also. Meistens in die Herrenabteilung, wo ich warte, bis Kristina mich auf dem Handy anruft.

»Wo bist du denn?«, fragt sie mich dann immer.

»Och, ich dachte, du würdest noch länger brauchen, und hab mich daher auch mal ein wenig umgeschaut«, lüge ich. Kristina bekommt auf diese Weise nichts von meinen Anmachen mit und die Neue erfährt nicht, dass ich eine Freundin habe. Außerdem kann ich auf diesen Touren noch eine weitere Leidenschaft von mir pflegen: Schuhe. Denn ich muss zugeben, dass ich zu der ganz seltenen Sorte Mann gehöre, die an einem ausgeprägten Schuhtick leidet. Ich habe einen begehbaren Kleiderschrank voll mit Schuhen. Mehr als zweihundert Paare: Sneakers, Lederschuhe, Flipflops. Elegant, sportlich, leger – alles dabei. Ich *liebe* Schuhe, egal wie unmännlich das klingt. Und ich werde mir immer noch mehr und mehr davon kaufen. Meine Kollegen verspotten mich dafür, nennen mich nur noch »Carrie«, in Anlehnung an Carrie Bradshaw aus *Sex and the City*. Neulich haben sie einen Pappaufsteller von Carrie in Lebensgröße gekauft und ein Foto meines Kopfes auf ihren draufgeklebt. Darunter haben sie einen Ausschnitt aus einem Artikel in der *Süddeutschen* gepinnt: »War diese Geldanlage denn tatsächlich notwendig? Ja, das war sie. Spätestens das geheimnisvoll knisternde Seidenpapier und der zarte Geruch von Leder und frischer Farbe, der einen beim Öffnen des Kartons sanft umströmt, entschädigt für jegliche Zweifel und Vorwürfe aus dem engsten Freundeskreis. Wie kannst du nur? Du wolltest doch in den Urlaub fahren, oder? Aber wer denkt schon an weißen Sandstrand und azurblaues Meer, wenn sich das ganze Glück dieser Welt in einer weißen Box auf unseren Knien befindet?«

40.000 Dollar hätte Bradshaw, die Besitzerin der wahrscheinlich größten Schuhsammlung, die eine Serienfigur jemals hatte, im wahren Leben für ihre Lieblinge ausgegeben. Auf die Hälfte dieser Summe komme ich ganz sicher auch.

Zurück zu meinen Shopping-Eroberungen: Von fünf Frauen, denen ich meine Karte zugesteckt habe, meldet sich eine bei mir. Manchmal auch zwei. Oft sind es die, von denen ich es am wenigsten erwartet hätte. Die, deren Empfänglichkeit für meine Tipps am geringsten war. Einmal hat mich sogar unmittelbar danach eine Frau angerufen, die mit ihrem Mann unterwegs gewesen war. Sie hatte jung geheiratet und seit geraumer Zeit das Gefühl, etwas in ihrem Leben verpasst zu haben. Sie habe erst mit zwei Männern geschlafen, sagte sie mir nach etlichen Gläsern Wein bei unserem ersten Treffen. Es tue ihr leid, ich sei ein so netter Kerl und eigentlich auch ihr Typ. Aber ich solle mir doch nichts Festes erhoffen. Sie wolle nur Sex, sich austoben und nachholen, was sie mit Anfang zwanzig verpasst habe. Aber ihre Ehe werde sie niemals beenden.

Ich tat enttäuscht, wie ein Verliebter, dem man mit beiden Händen das Herz aus der Brust gerissen hatte. Sie tröstete mich, nahm mich in den Arm. Dann hauchte sie mir einen leichten Kuss auf die Lippen. Schnell verließen wir das Dachgartenrestaurant mit dem unglaublichen Blick über Berlin und beschlossen, unser Liebesspiel in ein nur wenige hundert Meter entferntes Hotel zu verlegen.

Sex für 95 Euro die Nacht, dachte ich etwas schockiert, als ich dem Typen an der Rezeption meine Kreditkarte hinlegte. Mein Hobby verschlang wirklich viel Geld. Eigentlich wäre es billiger, regelmäßig eine Prostituierte aufzusuchen. Aber wo bliebe da der Spaß? Das Aufreißen würde ja wegfallen. Und außerdem sehe ich dafür viel zu gut aus. Plötzlich wurde ich aus den Gedanken gerissen.

»Wünschen Sie ein Raucher- oder Nichtraucherzimmer?«, fragte der Rezeptionsclown. »Frühstück ist von halb sieben bis elf im dritten Stock.«

Ich kochte.

»Gib mir den Schlüssel und halt endlich die Klappe!«, hätte ich ihn am liebsten angefahren. Ich wollte einfach nur ein Zimmer und endlich mit der verheirateten Steffi allein sein.

Wir trafen uns noch vier Mal. Die Abende begannen immer gleich. Wein. Viel zu viel Wein. Und dann ab ins Hotel. Wir waren niemals bei ihr. Ihr Mann hätte uns erwischen können. Und meine Wohnung war erst recht tabu. Ich hatte Kristina, nachdem sie irgendwann einmal einen Eifersuchtsanfall hatte, gutmütig meinen Wohnungsschlüssel gegeben.

»Hier Süße. Als Beweis meiner Liebe. Jetzt kannst du mich jederzeit besuchen.«

Der Stress mit Kristina war dadurch ganz schnell erledigt. Und meine Chance, Frauen aufzureißen und mit nach Hause zu nehmen, dahin. Von Stund an hingen Kleider in meinem Schrank, ihre Slips auf meinem Wäscheständer und gemeinsame Bilder an den Wänden. Nach vier leidenschaftlichen Nächten war es mit Steffi vorbei. Sie war schwanger. Von ihrem Mann. »Danke, jetzt habe ich mich ausgetobt. Es war super mit dir. Aber jetzt will ich wieder die brave Ehefrau sein«, hauchte sie mir an unserem letzten

Morgen im Frühstücksrestaurant ins Ohr. Na danke auch, dachte ich nur, während mir fast das Rührei im Hals stecken blieb. Abserviert nach allem, was ich für dich getan habe. Hättest es mir wenigstens vor dem Frühstück sagen können. Das war nämlich nicht im Preis inklusive. 11 Euro musste ich zusätzlich zu den 95 Euro für das Doppelzimmer pro Person hinblättern. Und das war der Dank dafür! Über 400 Euro für viermal guten Sex. Für Steffi war es sicher billiger, als ihre Ehe durch Sitzungen beim Paartherapeuten zu retten. Für mich war es ein teures Vergnügen.

Mit der Schlüsselübergabe an Kristina veränderte sich unsere Beziehung. Sie wurde ernster. Reifer. Erwachsener. Plötzlich kam Kristina ständig zu mir. Mit Ankündigung, oftmals aber auch ohne. Sie kam am Wochenende vorbei oder sogar unter der Woche. Meine Wohnung wurde zu Kristinas Unterschlupf, ihrem Zufluchtsort, an dem sie sich vor all ihren Problemen und Pseudoproblemen verstecken konnte. Hier musste sie nicht aufschrecken, wenn das Telefon klingelte – Professor Doktor Gott kannte schließlich meine Nummer nicht. Hier musste sie sich nicht über ihre Mitbewohnerinnen aufregen. Wobei man ehrlich sagen muss: Kristinas WG-Tauglichkeit geht gegen null. Kompromissbereitschaft? Fehlanzeige! Rücksicht? Fordert sie nur für sich. Sie motzt über Haare im Waschbecken (nachvollziehbar), einen leeren Kühlschrank (auch nachvollziehbar), die schlechte Einrichtung der Zimmer ihrer Mitbewohnerinnen (völliger Schwachsinn), Besuch (selbst wenn die Gäste leise sind und schon nach einer Stunde wieder gehen) und Stöhngeräusche aus den Nachbarzimmern (»Die sind schlimmer als Tiere!«). Sie geht an die Decke, wenn die anderen Mädels gelegentlich ihre guten Teller benutzen, die sie von Frau Professor Doktor Gott geschenkt bekommen hat. Verzierte Teller mit Goldkante, die zerspringen, sobald man sie nicht wie rohe Eier behandelt. Die Dinger gehören ins Museum und nicht in eine WG-Küche. Einmal wollte Kristina ihren Mitbewohnerinnen sogar 100 Euro in Rechnung stellen, weil eine winzige Ecke eines dieser nicht spülmaschinenfesten Teller abgebrochen war. Manchmal tun mir ihre Mitbewohnerinnen wirklich leid. Denn wenn Kristina etwas nicht in den Kram passt, kann sie bösartiger sein als der Teufel. Und mit wachsendem Studienstress häuften sich ihre Ausbrüche.

Kristina ist Perfektionistin. Dazu wurde sie von klein auf erzogen. Nie war ihre Leistung gut genug für die Blumens. Der unfehlbare Professor Doktor Gott duldete nur Erfolgsmaschinen neben sich. Bei schlechten Noten strafte er seine Kinder mit Missachtung.

»Ich hätte mich früher nicht getraut, meinen Eltern so etwas Schändliches zu präsentieren«, sagte er, wenn eines der Blumen-Kinder eine Drei mit nach Hause gebracht hatte. Einmal wurde sogar ein Theologe als Religionsnachhilfelehrer eingestellt, nachdem der jüngste Blumen-Sohn eine Arbeit in den Sand gesetzt hatte. Offiziell wurde das natürlich den Nachbarn gegenüber abgestritten. Nachhilfelehrer gab es in der Welt von Professor Doktor Gott nicht.

Und so macht sich Kristina immer verrückt. Sie leidet regelrecht an Versagensängsten. Vor Prüfungen bekommt sie regelmäßig Heulattacken. »Ich schaff das alles nicht« – wie oft habe ich diesen Satz aus ihrem Mund gehört! Wie oft habe ich mich geduldig zu ihr gesetzt, sie in den Arm genommen und dieses winzige Häuflein Elend mühsam wieder aufgebaut. Ich habe sie beruhigt, ihren Kopf gestreichelt, ihr immer wieder gesagt, dass sie gut ist und alles schaffen kann. Ich habe ihr sogar Motivationsbücher gekauft. Aber wenn man immer und immer wieder die gleiche Leier hört, geht es einem irgendwann richtig auf den Sack. Insbesondere, da wir in puncto Lebenseinstellung gar nicht unterschiedlicher sein könnten: sie, die sich einredet, nichts im Leben auf die Reihe zu bekommen, und ich, der hoffnungslose Optimist. Bei mir klappt alles. Ich lasse nie Zweifel daran aufkommen, was ich mache oder mir vornehme. Das Wort »scheitern« habe ich gänzlich aus meinem Sprachgebrauch gestrichen. Und meistens habe ich mit meiner Masche auch Erfolg. Kristina hingegen malt sich ein Horrorszenario nach dem anderen aus. »Wenn ich die Klausur verhaue, muss ich ein Semester dranhängen.« Oder: »Mit einem Notendurchschnitt von 2,0 kann man doch heute nichts mehr werden.« Vielleicht hat sie damit sogar recht. Aber das Schlimmste daran ist: Egal wie sehr sie meckert und sich selbst mit voller Wucht runterzieht, irgendwann kommt ein Anruf, eine SMS oder eine E-Mail. Und es sind nur vier knappe Worte, die Kristina mir dann mitteilt. »Ich habe eine Eins.« Wie immer seit Studienbeginn. Wie schon bei den vergangenen zehn Klausuren. Wahrscheinlich waren es sogar schon zwanzig oder vierzig. Kristina marschiert souverän durch ihr Medizinstudium. All die Selbstzweifel, die Heulattacken und Tränen sind völlig überflüssig. Sie könnte vor Selbstvertrauen platzen. Aber ihr Ehrgeiz zerfrisst sie. Er lässt ihr Lächeln einfrieren, nimmt ihr den Spaß am Leben. Keine fünfmal hat sie auf Studentenpartys die Sau rausgelassen. Sie kennt kein Links und kein Rechts – es gibt nur die nächste Klausur und die nächste Eins. Wahrscheinlich ist sie auch deshalb so eine spaßfreie Furie ihren Mitbewohnerinnen gegenüber. Ich mag die beiden Mädels gern. Melanie, Mitbewohnerin Nummer eins, ist optisch eine glatte Vier. Selbst nach fünf Cocktails und zwei Litern Wein wird sie einfach nicht schön. Aber Sarah, die wie Kristina ebenfalls Medizin studiert, ist der Oberhammer. Sie bekommt 13 Punkte nach meinem System. Ich stehe total auf sie – die verbotenste Frucht im Paradies. Wir verstehen uns wirklich gut. Wann immer ich Kristina in ihrer WG besuche, gehe ich kurz zu Sarah und begrüße sie mit Küsschen links und rechts auf die Wange. Wir quatschen, wenn wir uns hin und wieder in der Küche über den Weg laufen oder wenn Kristina keine Zeit für mich hat. Es kommt häufiger vor, dass Kristina am Wochenende, wenn ich sie besuche, noch lernen muss. Manchmal habe ich den Eindruck, dass sie mich damit provozieren will. Freitags nach der

Arbeit setze ich mich in den Zug, fahre die fast fünf Stunden nach Düsseldorf, um mir samstags erst einmal anzuhören: »Ich muss noch was für Dermatologie machen. Kannst du dich nicht drei Stunden allein beschäftigen?« Natürlich motze ich dann nicht. Ich tue verständnisvoll, auch wenn es mich tierisch nervt. Meistens haben wir gerade mal von freitags, 23 Uhr, bis sonntags, 18 Uhr, Zeit für uns. Und dann will sie diese kurze Zeit auch noch um drei Stunden Lernen beschneiden?! Natürlich darf ich mich währenddessen nicht in Kristinas Zimmer aufhalten. Also hänge ich in der Stadt rum.

Und an einem dieser Tage fing ich an, mich heimlich mit Sarah zum Kaffee zu verabreden.

Ich klagte ihr mein Leid. Kotzte mich bei ihr aus. Und auch sie lud ihren Frust über Kristina bei mir ab. Einmal hatte Kristina sie angezickt, weil sich Sarah die gleiche Hose von Zara gekauft hatte wie sie. »Du bist so ein verdammtes Miststück. Du musst mir immer alles nachmachen«, schimpfte sie. Den Frust über all die Ungerechtigkeiten, die Kristina über Jahre in ihrem tyrannischen Elternhaus ertragen musste, schleudert sie wahllos denjenigen entgegen, die sie eigentlich mögen. Sarah hat ihr noch nie etwas getan – trotzdem bekam sie ständig ihr Fett weg. Ich versuchte, ihr die Situation zu erklären. Erzählte ihr von Professor Doktor Gott, von der Schreckensherrschaft bei den Blumens zu Hause. Ich bat sie um Verständnis für all die Aussetzer und Gemeinheiten.

»Eigentlich ist sie ein herzensguter Mensch, eine tolle Frau. Versuch einfach, darüber hinwegzusehen.« So redete ich mir die Situation selbst ja auch immer wieder schön. Wenn ich mal keine Lust mehr auf unsere Beziehung hatte, malte ich mir ein Luftschloss. Ich stellte mir unsere gemeinsame Zukunft vor. Mit einem großen Haus mit Garten. Drei süßen Kindern. Einem Hund. Dem perfekten Glück – und ohne ihre Familie. Wir haben uns oft ausgemalt, wie unsere Zukunft aussehen würde. Wir wissen, wie unser Badezimmer aussehen soll. Das Wohnzimmer ist gedanklich auch schon eingerichtet: Wir träumen beide von einer Design-Küche von Bulthaup mit Kücheninsel mitten im Raum.

Als Kristinas Laune nach einem Besuch in der Heimat mal wieder richtig im Keller war, habe ich sie mir geschnappt und bin mit ihr in ein Einrichtungshaus gefahren. »Guck mal, unser Wohnzimmer. Was hältst du davon?« Ich wollte sie wieder in unsere Illusion holen, die ganz dünne Seifenblase um uns herum. Doch anstatt ihre Laune zu verbessern, bewirkte der Besuch nur das Gegenteil.

»Das können wir uns alles niemals leisten. Niemals. Wovon denn? So will ich nicht leben.«

Ich starrte Kristina verwundert an.

»Wenn du fertig bist mit deinem Studium, haben wir zusammen jeden Monat mindestens 8.000 Euro netto. Davon können wir uns schon eine schöne Wohnung nehmen, zweimal die Woche nett essen gehen und uns teure Urlaube gönnen.«

»Das reicht doch hinten und vorne nicht. So ein Leben will ich nicht führen. Allein vernünftige Stühle kosten schon 2.000 Euro. Pro Stück. Und ich will nicht wie im Ikea-Einrichtungshaus leben.«

»Davon spricht doch auch keiner. Jetzt bleib doch mal locker, Süße. Ich glaube nicht, dass wir uns Gedanken machen müssen, ob wir finanziell später über die Runden kommen.«

»Wenn du so leben willst – bitte. Aber ich werde mich sicher nicht mit diesem billigen Schund zufriedengeben.«

Ich merkte, wie ich innerlich kochte. 8.000 Euro netto wären nicht genug? Was hatte sie eigentlich für eine Vorstellung von Geld?

»Wenn meine Mum einkaufen geht, kosten ihre Klamotten ja schon ein paar tausend Euro. Das muss man schon ausgeben, wenn man etwas darstellen will. Unsere Töpfe auf der Terrasse kosten pro Stück 1.000 Euro. Und ich will auch nicht mit so einem peinlichen Auto durch die Gegend fahren. Du brauchst nicht zu denken, dass ich mich in einen Golf setze. Einen Volkswagen! Das können diese ganzen einfachen Wichser machen. Aber ich nicht.«

Ich dachte, ich hätte mich verhört. War ich im falschen Film? Kristina kriegte sich überhaupt nicht mehr ein.

»Man braucht mindestens 10.000 Euro im Monat. Sonst ist das Leben scheiße. Zu Hause hatten wir immer so viel. Mindestens. Sollen doch Stefan und Daniela Golf fahren und damit glücklich sein.«

Jetzt beleidigte sie auch noch meine Freunde. Grundlos. Die hatten rein gar nichts damit zu tun. »Dann musst du halt mal mehr Verträge abschließen. So billig bin ich nicht. Streng dich gefälligst mehr an.«

Ich hatte die Schnauze so dermaßen voll, dass ich Kristina stehen ließ, mich in den Zug setzte und zurück nach Berlin fuhr. Was wollte sie eigentlich? Immerhin finanzierte ich ihr halbes Leben, weil Professor Doktor Gott ihr den Geldhahn beinahe vollkommen zugedreht hatte. Ich zahlte das Kino. Ich zahlte das Essen. Ich zahlte ihre Zugfahrten zu mir. Ich glich sogar ihr Konto aus. Prinzipiell hatte ich damit kein Problem. Schließlich hatte Professor Doktor Gott meinetwegen seine monatlichen Überweisungen so drastisch reduziert. Was mich allerdings störte: Bei Kristina hingen wöchentlich neue Klamotten im Schrank. Neue Schuhe. Neue Deko-Accessoires für ihre Wohnung. Sie warf mit ihrem nicht vorhandenen Geld nur so um sich. Nur für unsere Aktivitäten hatte sie nie auch nur einen Cent übrig.

»Dann kann ich halt nicht kommen«, sagte sie nur, wenn ich mal andeutete, ihr Bahnticket ausnahmsweise mal nicht zu bezahlen. Wobei ich es letztlich natürlich doch tat. Und Kristina weiter aushielt. Selbst arbeiten zu gehen – auf die Idee kam sie gar nicht.

»Kann ich ja machen, aber dann muss ich bestimmt ein paar Semester dranhängen. Wenn du das willst ...« Ich hatte schlichtweg keine Lust auf diese Diskussionen. Obwohl ich davon überzeugt war, dass es ihr guttun würde, endlich mal die Ärmel hochzukrempeln und zu lernen, was Arbeiten wirklich bedeutet. Aber ich zahlte weiter, hielt meine Klappe und ärgerte mich über mich selbst. Wieso war ich noch mal mit ihr zusammen? Was fand ich noch mal toll an ihr? Wäre es wirklich so entsetzlich, mich von ihr zu trennen?

Meinen Freunden gegenüber hielt ich den Schein so gut wie möglich aufrecht. Nur meine besten drei Freunde wussten, was wirklich hinter den Kulissen abging. Auch meine Eltern belog ich weiter wie gedruckt. Ich wollte nicht, dass jemand mitbekam, was für ein unterwürfiger Depp ich inzwischen war. Ohne eigene Meinung. Ein Weichei. Einer, dem Kristina auf der Nase rumtanzen konnte, wie sie wollte. Ich war das totale Gegenteil von mir im Job. Da bin ich knallhart, gehe zur Not über Leichen. Es zählt nur der Erfolg. Ständig sind meine Ellbogen blutig von erbitterten Kämpfen, die ich auszufechten habe. Und zu Hause? Da ziehe ich die Samthandschuhe an und lasse mir von meiner Freundin alles bieten. Hauptsache kein Zoff. Keine unnötigen Diskussionen. Manchmal freute ich mich sogar, wenn das Wochenende endlich vorbei war und Kristina wieder im Zug nach Bonn saß.

Sarah war auch eine der Wenigen, die wussten, was wirklich los war. Irgendwie war es mir egal, was sie in mir sah. Ob ich an Ansehen und Respekt verlor. Ich brauchte einfach jemanden zum Reden. Und insgeheim hoffte ich auf ihr Mitgefühl. Irgendwann schrieben wir uns Mails, ohne dass Kristina davon wusste. Wir schickten einander SMS. Fingen an zu flirten. Und dann, bei Kristinas Geburtstag, passierte es …

Eigentlich hätte ich helfen sollen, Salate zu schnippeln, Getränke einzukaufen und Salzstangen auf den Partytischen zu verteilen. Doch ich musste vor der Party noch kurzfristig zu einem Termin in die Schweiz. Zurück in Deutschland nahm ich mir am Flughafen einen Wagen und fuhr direkt zur Party, die schon in vollem Gange war. Es waren viele Mädels da, die ich vorher noch nie getroffen hatte. Und sie alle wollten mich, den berühmten Freund von Kristina, endlich mal kennenlernen. Kristina hat nämlich ihr ganz persönliches Verhältnis zu meinem Job. Wenn sie mit mir allein ist, hasst sie, was ich mache. Klar, 24 Stunden am Tag ist das Handy an. 24 Stunden bin ich erreichbar. Im Urlaub, am Wochenende, immer. Für eine Beziehung ist das der Horror. Besonders weil Kristina keinen blassen Schimmer davon hat, was wirklich verlangt wird und wie es hinter den Kulissen ausschaut. Ein verpasster Anruf kann mich Tausende von Euros kosten. Meine Klienten interessiert es nicht, ob ich frei habe. Manchmal bin ich für sie auch ein Babysitter. Es gibt Sportler, wenn es auch nur wenige sind, deren Leben außerhalb des Sports ich organisieren muss. Die wollen ihren Alltag nicht selbst meistern. Das ist in Ordnung, dafür zahlen sie mir viel Geld – aber ich habe immer da zu sein, wenn sie es wollen. Selbst bei Banalitäten. Irgendwann, wenn Kristina im Job ist, wird sie es hoffentlich auch verstehen. Dann wird sie als Ärztin auch nicht bei einer komplizierten Operation sagen können: »Sorry, aber jetzt habe ich Feierabend. Ich nähe Sie morgen früh weiter zu.« In einigen Jobs geht das nicht. Da wird nicht nach der Stechuhr gearbeitet. Aber egal wie oft ich schon versucht habe, ihr Verständnis zu gewinnen, ich scheitere immer aufs Neue. Wenn ich bei ihr bin, hasst sie meinen Job. Doch wenn sie mit ihren Mädels allein ist, liebt sie ihn. Sie gibt wirklich mit mir an, beziehungsweise mit meinem Job.

»Mein Freund ist gerade in New York.«

»Mein Freund muss morgen nach Paris fliegen.«

»Wir haben VIP-Tickets fürs Boxen.«

»Mein Freund kennt den und den …«

Kristina war nicht im Geringsten sauer, dass ich verspätet zu ihrer Geburtstagsparty aufkreuzte. Jedem erzählte sie, dass ich schnell in die Schweiz fliegen musste, um mich mit einem Verleger zu treffen. »Der will eine Hochglanzgeschichte machen, da müssen die Rahmenbedingungen für das Fotoshooting geklärt werden.«

Und dann kam ich, der pseudo-berühmte Freund der Gastgeberin. Mit Anzug, Krawatte und schnittigem Sportflitzer. Kristina zerrte mich wie einen Hund an der Leine durch ihre WG, stellte mich ihren Kommilitonen vor, hakte sich bei mir ein und tat so, als seien wir das perfekte Traumpaar. Ich spielte mit, erzählte ein paar Anekdoten. Von korrupten Zöllnern in Rio, aufgebrochenen Autos in Afrika, Notlandungen in China und Zuhältern in Russland. Wenn ich will, kleben die Leute an meinen Lippen. Ich habe halt keinen Nine-to-five-Job. Jeder Tag ist anders. Ich treffe Menschen, für deren Autogramm andere stundenlang anstehen würden. Keiner bei Kristinas Party konnte von sich behaupten, mit Anfang dreißig auf fünf Kontinenten und in den meisten der bedeutendsten Städte der Welt gewesen zu sein.

Nach meiner kleinen Showeinlage verschwand ich in die Küche. Es war Kristinas Geburtstag, sie sollte im Mittelpunkt stehen. Sie hatte den Freund von mir bekommen, den sie sich gewünscht hatte. Nun war Feierabend. Und ich hoffte, dass ich in der Küche ein wenig mit Sarah allein reden konnte. Doch stattdessen folgte mir Lena in die Küche, in der Kristina ein kleines Buffet aufgebaut hatte: Cocktailtomaten, Käsehäppchen, Salate und Baguette. Kristina war im Stress. Immer wieder rannte sie zur Tür und begrüßte neue Leute, hier Small Talk, da Geschenke auspacken.

»Sorry, Baby. Ich muss mich um die Gäste kümmern«, sagte Kristina und erteilte mir damit einen Flirtfreifahrtschein. (Jedenfalls empfand ich das so.)

»Und, warst du erfolgreich in der Schweiz?«, fragte mich Lena. Lena passte voll in mein Beuteschema. Genaugenommen war Kristina diejenige, die da nicht reinpasste. Große braune Augen, dunkle Haare. 90 Prozent meiner Abenteuer sind blond.

»Ja, zähe Verhandlungen, aber jetzt ist alles gut«, sagte ich desinteressiert. Eigentlich hatte ich mir vorgenommen, heute Sarah zu küssen. Ich wollte wissen, wie sie schmeckte. Ich hatte es mir schon so oft vorgestellt. Die verbotene Frucht aus dem Paradies zu klauen – das würde mein größter Coup. Aber Lena ließ nicht locker. »Mir hat noch nie jemand so ein tolles Geschenk gemacht«, sagte sie. Kristina hatte von mir eine Trainingsstunde in einem

Flugsimulator bekommen. In einem echten Cockpit, in dem auch Piloten ihre ersten Ausbildungsflüge machen. Außerdem, damit sie auch etwas Persönliches von mir geschenkt bekam, hatte ich ihr noch eine Uhr gekauft.

»Aber ich habe ja auch gar keinen Freund, der mir so was schenken könnte.« Die Kleine war ganz schön forsch. Sie reichte mir ein Glas Sekt und prostete mir zu.

»Auf uns. Und einen schönen Abend.«

Am liebsten hätte ich sofort die Küchentür zugeknallt und sie an Ort und Stelle vernascht.

»Ist das jetzt ein Treuetest, oder was?«, fragte ich sie.

»Würdest du denn bestehen?«

Lena war schlagfertig. Plötzlich kam Kristina in die Küche.

»Oh gut, Süßer. Der ganze Sekt ist schon alle. Kannst du nicht eben zur Tankstelle fahren und neuen holen? Bitte.«

Sie küsste mich auf die Wange und hauchte mir ins Ohr, dass wir heute Nacht, wenn alle Gäste weg seien, auf ihren Geburtstag anstoßen würden.

»Und dann revanchiere ich mich dafür.«

Sie drückte mir 100 Euro in die Hand und verschwand.

»Lena, kannst du nicht mitfahren und tragen helfen?«

Das Leben war schön. Wir waren noch keine hundert Meter die Straße runtergefahren, da spürte ich schon Lenas Hand auf meinem Oberschenkel. Sie beugte sich zu mir herüber und küsste meinen Hals. Als sie anfing, an meinem Ohrläppchen zu knabbern, hielt ich es nicht mehr aus. Ich riss das Lenkrad herum, fuhr auf den Seitenstreifen, öffnete meinen Gurt und küsste sie. Die linke Hand schob ich unter ihren Rock, mit der rechten fingerte ich nach der Warnblinkanlage. »Durchgefallen«, sagte Lena grinsend und biss mir in die Lippe.

»Was?«

»Beim Treuetest. Du hast versagt.«

Kurzzeitig stockte mir der Atem.

»Wie, jetzt echt?«

»Nein, du Idiot.«

Eine halbe Stunde später schleppten wir vier Kisten Sekt in Kristinas Wohnung. Lena lächelte mich in einer Tour an. Wann immer ich an ihr vorbeiging, berührte sich mich unauffällig mit ihrer Hand. Dieses kleine Luder machte mich wahnsinnig. Und dieses Spiel, das sie hier fast auf die Spitze trieb, gefiel mir. Auch wenn es jederzeit auffliegen konnte.

Ich brauche die Gefahr.

KAPITEL 4

»Lass mich endlich in Ruhe, du Penner.«

Körbe gehören für mich dazu. Wie heißt es so schön: Wo gehobelt wird, da fallen Späne. Oder eben: Wo geflirtet wird, gibt es Zurückweisung. Eigentlich ist mir nichts zu peinlich. Und wenn es an einem Abend bei den ersten zwanzig Versuchen nicht klappt, dann ist halt die einundzwanzigste Frau dumm genug, sich auf mich einzulassen. Manchmal habe ich mich schon gefragt, ob ich sexsüchtig bin. Ich glaube es aber nicht wirklich. Denn um ehrlich zu sein, ist nicht mal der Sex das Wichtigste an meinen Abenteuern. Eigentlich reicht es mir, dass die Frau nackt vor mir liegt und darauf wartet. Dann habe ich es mir bewiesen – und der Sex ist nur noch eine nette Zugabe.

Körbe also. Meine ständigen Begleiter. Eigentlich müsste ich mir mal einen Spaß daraus machen und herausfinden, ob ich mehr Körbe bekommen habe, als Dirk Nowitzki in seiner Karriere geworfen hat. Wahrscheinlich liegen wir ungefähr gleichauf. Aber während bei ihm die Bälle mehr oder minder spektakulär ins Netz fallen, sind meine Körbe teilweise richtig unangenehm. Wie zum Beispiel mein »Luft-Korb«: Ich hatte ein Baseballspiel der New York Yankees gesehen. Ein Sportartikelhersteller hatte mich eingeladen. Gratisflug, Hotel am Time Square, für alles war gesorgt, ich musste nichts bezahlen. Ein Gratis-Trip nach New

York: herrlich. Hinzu kam, dass ich schnell einen guten Deal eingefädelt hatte. Manchmal ist es ganz einfach, im Sport Geld zu verdienen. Die Einschaltquoten stimmen, die Besucher kommen. Für gewisse Stars sind Firmen bereit, viel Geld auf den Tisch zu legen. Und meine Sportler machten mich gerade zu einem relativ reichen Mann. Kaum einer aus meinem Abi-Jahrgang konnte mit mir mithalten. Sie hatten gute Jobs, ein reguläres Einkommen. Aber verdienten meist nicht mal ein Drittel von dem, was ich verdiente. Ich konnte das Leben also genießen. Und feiern. Und nach Abenteuern Ausschau halten.

Da mein Flieger bereits am nächsten Morgen um acht starten würde, hatte ich eh keine Lust, mich nur ein paar Stunden hinzulegen, und beschloss, im Waldorf Astoria, einem der teuersten Hotels der Welt, auf New York und meinen nächsten Scheck anzustoßen. Oben an der Bar saß mutterseelenallein eine Französin. Sie war Anfang 30, bildhübsch. Dazu von Tränen verwischter Lidschatten. Die perfekte Abschiedsgespielin also. Wie von Geisterhand rutschte sie dann auch noch zu mir rüber und fragte mich, ob ich ihr nicht einen ausgeben wolle. Das tat ich natürlich und bekam zum Dank ihre gesamte Leidensgeschichte zu hören. Dass sie extra für ihren Freund, den sie vor wenigen Wochen im Urlaub kennengelernt hatte, aus Marseille in die USA geflogen sei. Als Überraschung. Doch statt die Nacht des Wiedersehens leidenschaftlich mit ihr zu genießen, hatte sich Roy schon vorher eine »von diesen verfickten New Yorker Schlampen« gesucht, wie sie mir erzählte. Sie trank, sprach, heulte, trank. Und sprach, winselte, fluchte, trank, fluchte, heulte, nahm meine Hand, trank. Zwei Stunden später zerrte mich die begehrenswerte Französin durch die Tür der Damentoilette. Sie hatte mich fest am Hemdkragen gepackt und stolperte über ihre eigenen Füße, als sie langsam rückwärts ging. Sie war scharf, heiß, die schönste Französin, die ich je gesehen hatte. Was musste dieser Kerl für ein Depp sein, sich diese Frau entgehen zu lassen! Wäre da bloß nicht dieser penetrante Gestank nach Alkohol und mindestens zwei Packungen Zigaretten, die sie an diesem Abend schon gequalmt hatte. Ich wollte die Küsse genießen, aber ihr Atem löste bei mir nur Brechreiz aus. Es ging nicht. Sie war das heißeste, schönste, süßeste, stinkendste, ekelhafteste und abstoßendste Etwas, das ich je gesehen hatte. Eine irre, ja: kranke Mischung, der kein Mann der Welt gewachsen war. Ich drückte sie mit beiden Händen von mir weg und holte tief Luft.

»I'm sorry«, war das Einzige, was ich noch herausbrachte, ehe ich das Waldorf Astoria fluchtartig verließ.

Ich war noch nicht richtig nüchtern, als ich mich am Flughafen in New York in die gelben Plastikschalen in der Wartehalle fallen ließ. Dort war es zu unbequem, um zu schlafen. Also rutschte ich übermüdet hin und her und wartete sehnlichst auf den Aufruf meines Flugs. Während ich noch den gestrigen Abend und die Flucht vor der Aschenbecherfrau Revue passieren ließ, schrie mich plötzlich eine Blondine an.

»Schnell, wo ist hier dieses Sicherheitscheck-Gerät?«

Seit den Terroranschlägen vom 11. September verlangten die USA an einigen Flughäfen den elektronischen Fingerabdruck von allen Besuchern. Und bevor man das Land verlassen durfte, musste man das Prozedere am Scanner wiederholen. Ich erklärte der unbekannten Frau mit dem hochroten Kopf den Weg. Sie hechelte wie eine Sprinterin nach einem Hundertmeterlauf, bedankte sich und verschwand.

Ich war gerade aufgestanden, hatte meinen Pass rausgeholt und wartete darauf, dass die Passagiere der Sitzreihen 60 bis 40 ins Flugzeug trotteten, als das Blondchen plötzlich schon wieder wie aus dem Nichts neben mir auftauchte. Sie sei Anna, sagte sie. »Ich war hier ein Jahr als Au-pair und heute geht's zurück.« Sie habe die Gastfamilie so lieb und der Abschied sei so traurig gewesen. »Deshalb bin ich erst viel zu spät am Flughafen angekommen«, erklärte sie mir. Anna war interessant. Wenn sie lächelte, hatte sie zwei Grübchen über dem rechten Mundwinkel. Irgendwie war ihr Gesicht etwas schief, aber das machte sie auch besonders. Der Flug ist gerettet, dachte ich und legte mir im Kopf schon eine Flirtstrategie zurecht. Eine sichere Sache, schließlich hatte Anna mich zweimal angesprochen.

Ich saß in Reihe 19. Die beiden Plätze neben mir waren nicht belegt. Anna saß schräg hinter mir. Kaum war der Flieger in der Luft, ging ich zu ihr rüber und fragte sie, ob sie sich nicht zu mir setzen wolle. Der Flug sei schließlich so lang und wir könnten uns doch einfach nett unterhalten. »Ich bin müde. Sorry«, sagte sie, drehte sich weg und schloss die Augen. Als ich 20 Minuten später erneut rüberschaute, saß sie noch immer putzmunter und hellwach in ihrem Sitz, hörte Musik und schaute ziellos in der Gegend umher.

Mit dem Bordmagazin leitete ich Versuch zwei ein. Auf einer relativ freien Seite kritzelte ich ihr ein paar Zeilen hin. »Ich wette, du studierst nächstes Semester Medizin, wirst von deiner Mutter und deiner Schwester vom Flughafen abgeholt und hast ein Pferd. Wenn ich mit mindestens zwei Sachen recht habe, musst du dich zu mir rübersetzen und mit mir reden. Wenn nicht, lade ich dich mal zum Essen ein.«

Kaum hatte ich Anna das Bordmagazin überreicht und meinen Platz wieder eingenommen, stand sie auch schon neben mir. Mann, bin ich gut, dachte ich mir, während ich schon einen Sitz weiter Richtung Fenster rückte, um Anna Platz zu machen. Doch statt sich zu setzen, wetterte sie los: »Nein, ich studiere Jura. Mein Freund holt mich vom Flughafen ab. Und Pferde finde ich so scheiße wie dich. Und jetzt lass mich endlich in Ruhe, du Penner.«

Bevor sie sich umdrehte, pfefferte sie mir noch das Heft auf den runtergeklappten Tisch. Gelächter im Flugzeug. Anna hatte so laut gesprochen, dass diese kleine Szene wahrscheinlich jeder in den fünf Reihen vor und hinter mir mitbekommen hatte. Ein Korb in 12.000 Meter Flughöhe. Und bis zur befreienden Landung noch über fünf Stunden.

Meinen zweitspektakulärsten Korb bekam ich mitten auf der Autobahn von Frau Meyer, meinem Hotline-Desaster.

Mindestens einmal pro Woche stehe ich bei meiner Autovermietung am Schalter – zwangsläufig bei all meinen Reisen und Terminen. Inzwischen bekomme ich dank der vielen Anmietungen immer nette Upgrades – statt Golf fahre ich SLK, statt 1er BMW einen Audi TT.

Frau Meyer war definitiv neu. Ich hatte sie noch nie zuvor am Schalter gesehen. Dabei war ich diesen Monat schon zum vierten oder fünften Mal dort. Die üblichen Fragen nach Winterreifen oder einer reduzierten Selbstbeteiligung verneinte ich. Frau Meyer war jung, höchstens 23. Ihre riesigen Ohrringe baumelten neckisch bei jeder noch so kleinen Kopfbewegung hin und her.

»Wow, nicht viel Schlaf bekommen?«, sagte Frau Meyer, als ich gähnend vor ihr stand und auf meinen Schlüssel wartete.

»Stimmt. Horrortrip von Los Angeles über Portland, Frankfurt bis hier. Geschickt gebucht. Zwei Zwischenstopps. Und die Filme aus dem Bordprogramm kannte ich auch alle schon. Aber sehr charmant, dass sie mich darauf aufmerksam machen.«

Ich hatte echt schlechte Laune, aber Frau Meyer war so mit ihrem Computerprogramm beschäftigt, dass sie den gehässigen Unterton in meiner Stimme offenbar gar nicht wahrnahm.

Unter der Dienstuniform zeichnete sich ihre Oberweite ab – relativ groß für ihre ansonsten zierliche Statur. Frau Meyer gab mir einen netten kleinen Sportwagen, einen Crossfire.

»Auf Wiedersehen und gute Fahrt«, wünschte sie mir, dann verschwand ich auch schon Richtung Parkhaus.

Kaum war ich durch die gläserne Drehtür verschwunden, biss ich mir vor Wut fast in den Hintern. Frau Meyer war süß, keine 15 Punkte, aber auf jeden Fall im zweistelligen Bereich. Warum hatte ich sie nicht angesprochen?

Sie ging mir nicht aus dem Kopf. Die Nummer der kostenpflichtigen Kundenhotline kannte ich auswendig. »Willkommen bei Ihrer Autovermietung. Leider sind derzeit all unsere Leitungen belegt. Bitte haben Sie einen Moment Geduld.« Nachdem ich fünf Minuten lang Geduld gehabt hatte, meldete sich eine unglaublich genervt klingende Frau am anderen Ende der Leitung. Ob sie mich bitte direkt zum Flughafen an den Schalter durchstellen könne, fragte ich sie.

»Worum geht es?«

»Das würde ich schon gern mit den entsprechenden Leuten vor Ort besprechen«, sagte ich.

Der Anfang einer müßigen und nicht enden wollenden Diskussion. Ich behauptete, etwas vergessen zu haben. Aber der Kundenhotline-Drache pochte auf seine dämlichen Richtlinien, dass kein Kunde durchgestellt werden dürfe und die Hotline für alles zuständig sei.

»Was haben Sie denn vergessen? Und wie lautet das Kennzeichen ihres Wagens?«

Was für eine bescheuerte Frage. Als ob ich das Kennzeichen vor dem Losfahren auswendig lernen würde. Beziehungsweise bei Tempo zweihundert auf den Schlüssel schauen könnte, auf dem das Kennzeichen steht.

Ich war mit meinem Vorhaben kläglich gescheitert. Aber verloren hatte ich nichts. Der Kontakt zu Frau Meyer wurde mir verweigert. Also legte ich auf.

Auch der zweite Versuch war ein Reinfall. Mit genau derselben Geschichte rief ich ein weiteres Mal an. Nur dass ich diesmal meine Geschichte einem jungen Mann erzählte, der die nervtötende Angewohnheit hatte, sämtliche meiner Aussagen zu wiederholen.

»Sie haben also etwas an einem unserer Schalter vergessen? Und das war am Flughafen, richtig?«

Am liebsten hätte ich ihn gefragt, ob er vielleicht ein bisschen unterbelichtet sei. Aber auch der Blödmann hielt sich strikt an die Dienstvorschriften. Ob es da wirklich ein Regelbuch gab, in dem stand: »Bloß keinen Kunden an die Schalter durchstellen.

Dieses eklatante Vergehen wird mit der sofortigen Hinrichtung des Hotline-Mitarbeiters bestraft!«?

Beim dritten Anlauf versuchte ich es ausnahmsweise mal mit Ehrlichkeit.

»Ich habe gerade am Flughafen ein Auto angemietet und es versäumt, Ihre wunderschöne Kollegin zum Essen einzuladen. Wenn Sie mich also nicht sofort durchstellen, entgeht Ihnen in ein paar Jahren die beste Hochzeitsfeier Ihres Lebens!«

Nach ein paar Sekunden des Schweigens fing die Unbekannte an zu lachen.

»Na, Sie hat es ja ziemlich erwischt. Einen Moment, ich stell Sie gleich durch. Viel Erfolg.« Sandra Meyer konnte sich noch an mich erinnern.

»Na, noch wach? Ist etwas mit Ihrem Auto nicht in Ordnung?«

»Doch doch. Alles bestens. Ich wollte nur wissen, ob Sie auch meine Meilen gutgeschrieben haben.«

Oh Gott, da telefonierte ich eine halbe Stunde mit diversen Callcenter-Agents, um im entscheidenden Moment Muffensausen zu bekommen.

»Hab ich gutgeschrieben. Selbstverständlich. Kann ich sonst noch etwas für Sie tun?«

»Mit mir essen gehen!« Endlich war es raus. »Ich muss seit 80 Kilometern an Sie denken. Hab mich vor drei Telefonisten zum Volldeppen gemacht, nur um zu Ihnen durchgestellt zu werden. Mögen Sie Fisch? Ein Korb wird übrigens nicht akzeptiert, sonst buche ich nie wieder bei Ihnen.«

Es sprudelte nur so aus mir heraus. Endlich war meine Selbstsicherheit wieder da. Auch wenn ich auf der Startgeraden ganz schön holprig angefahren war.

»Nein. Tut mir leid. Ich habe einen Freund.«

Klasse. Tiefschlag. Das Aus in der ersten Runde.

»So einfach können Sie mir doch nicht alle Illusionen rauben«, sagte ich mit gespielter Empörung. »Ich bin letztlich nur durchgestellt worden, weil ich Ihre Kollegin zu unserer Hochzeit eingeladen habe.« Jetzt musste ich alles auf eine Karte setzen, bloß keine Schwäche zeigen, vor Selbstbewusstsein strotzen. Frech sein und siegen. »Okay, mit der Hochzeit warten wir noch ein bisschen. Aber woher wollen Sie eigentlich wissen, dass ich nicht Ihr heimlicher Traumprinz bin, auf den Sie immer gewartet haben? Und außerdem haben Sie nichts zu verlieren: Das Essen bezahle ich. Ich verspreche Ihnen, dass Sie sich in den zwei Stunden nicht langweilen werden, und wenn ich Ihnen dann immer noch nicht gefalle, sind Sie wenigstens satt und wissen, was Sie an Ihrem Freund haben.«

Hopp oder top.

»Ich finde das ja total lieb von Ihnen. Und Sie sind auch sehr fesch. Aber ich bin glücklich vergeben. Ihren Fisch werden Sie wohl alleine essen müssen. Viel Glück, Sie finden Ihre Prinzessin schon noch.«

Dann legte Frau Meyer auf.

Ich fühlte mich wie Axel Schulz nach seinem missratenen Comeback-Versuch gegen Brian Minto. Verprügelt, elendig verprügelt. Da riss ich mir den Hintern auf und die wollte einfach nicht.

Gäbe es bei RTL2 eine Serie mit dem Namen *Die größten Flirttrottel*, hätte ich eine Hauptrolle sicher. Zumindest ist die Liste an Peinlichkeiten, die allein meinetwegen erstellt werden könnte, sehr lang. Aber immerhin habe ich damit bei einigen Menschen für große Erheiterung gesorgt.

Zum Beispiel bei den rund achtzig Kollegen von Andrea, der neuen Assistentin eines meiner besten Geschäftspartner. Und zwar mit einer E-Mail-Panne.

Andrea war frisch von der Uni direkt im Marketing eines großen Sportartikelherstellers gelandet, quasi als rechte Hand des Marketingchefs. Dass ich mit dem diverse Nächte durchgesoffen hatte, wusste sie anscheinend nicht, als sie mir per E-Mail schrieb, sich vorstellte und mir sagte, dass sie stolz und froh sei, »mir einen exklusiven Termin mit ihrem Chef« organisieren zu können. »Wir würden uns freuen, Sie einmal persönlich kennenzulernen, und hoffen auf interessante Gespräche.«

Sofort rief ich Hendrik auf seinem Handy an.

»Danke, Alter. Danke. Ich weiß gar nicht, wie ich deiner Andrea danken soll, dass sie mir endlich einen Termin bei Mr Dauerbeschäftigt, Mr Big Business, dem Großmeister selbst besorgen kann. Seit Jahren träume ich schon davon, Sie endlich einmal persönlich zu treffen. Ein Jugendtraum geht in Erfüllung. Ich bin ja so gespannt, was Sie mir zu erzählen haben.«

Unser letztes Treffen war gar nicht lange her gewesen. Was genau an dem Abend passiert war, wussten wir beide nicht mehr so genau. Wir waren bei der Formel 1 gewesen und anschließend im Casino. Wie es dann weiterging, ist uns beiden nicht mehr so richtig klar.

Genau genommen haben wir nicht die leiseste Ahnung, außer dass wir irgendwann in dieser Nacht im »Slot Machine«, einem Klub in Monaco, gelandet waren. Hendrik behauptet bis heute, unfreiwillig unter Drogen gesetzt worden zu sein: »Ich schwöre, die haben mir was in den Drink gekippt!«

Leider durfte ich diese lächerliche Ausrede nicht bei Facebook posten, da seine Frau nichts von seinem Wochenendtrip wusste.

Hendrik kannte die E-Mail natürlich – er hatte den Text ja abgesegnet.

»Entschuldigen Sie. Wenden Sie sich doch beim nächsten Mal erst an meine Assistentin. Ich mag es nicht, direkt angerufen zu werden.«

»Pass bloß auf, dass ich dir beim nächsten Mal nichts ins Getränk schütte. Sag mal, was ist diese Andrea für eine? Lohnt die sich?« Hendrik gegenüber kann ich ganz offen sein. Er ist genauso ein Schwein wie ich. Dazu ist er noch verheiratet. Ich kenne seine Eskapaden, er meine. Wir haben einander in der Hand und geben dem anderen zur Not auch ein Alibi.

»Ganz heiß. Aber muss das sein? Die ist echt gut. Die darf nicht von dir verdorben werden.«

»Zu spät, Alter. Dann hättest du verhindern müssen, dass ich diese Mail bekomme. Wir sehen uns nächste Woche. Freu mich.«

Anschließend rief ich Andrea an, bedankte mich für die nette Einladung und machte einen Termin für die kommende Woche aus.

»Ihre Mail kommt echt wie gerufen. Ich versuche schon lange, endlich einmal mit Ihrem Chef ins Gespräch zu kommen. Aber den zu erwischen ... ganz schwierig!«

»Dann haben Sie ja Glück, dass es mich gibt. Bis nächste Woche dann.«

Wir verabredeten uns für 17 Uhr in Hendriks Büro. Dass wir danach weitergehen und sein Spesenkonto belasten wollten, verrieten wir Andrea natürlich nicht. Und natürlich wusste sie auch nichts davon, dass Hendrik »ganz kurzfristig« eine Telefonkonferenz dazwischen bekommen würde und er den Termin um eine halbe Stunde nach hinten verschieben müsste. Das teilte er Andrea erst mit, als ich längst im Vorzimmer saß und auf ihn wartete.

»Gehen Sie doch bitte einen Kaffee mit ihm trinken. Ich habe mich über ihn informiert. Er könnte ein ganz wichtiger Kontakt werden. Super vernetzt in der Branche. Seien Sie nett!«

Und schon saßen Andrea und ich in der Cafeteria. Ich maulte, gab vor, einen ganz engen Zeitplan zu haben.

»Das fällt Ihrem Chef ja sehr früh ein!«

Ich wollte, dass Andrea ein schlechtes Gewissen bekam, schließlich war sie es, die den Termin vereinbart hatte. Und ein schlechtes Gewissen ist für meine Zwecke immer gut. Mir war klar, sie würde nun doppelt und dreifach so nett sein wie sonst. Wir quatschten eine halbe Stunde lang. Über sie, ihr Studium. Ich heuchelte: wie unglaublich es sei, dass sie so schnell so einen guten Job bekommen habe. Und ließ mir ihre Handynummer geben. Dann hatte Hendrik Zeit für mich. »Ich hoffe, Sie verzeihen mir, dass Sie nun eine halbe Stunde mit mir verplempern mussten. Ich würde mich freuen, wenn Ihr Termin trotzdem erfolgreich ist und wir bald wieder telefonieren dürfen.«

»Wir sind so schlecht, Hendrik. Die Kleine fühlt sich beschissen und ich nutze das auch noch aus.«

»Ich habe eine Frau bei dir gut.«

Wir sprachen kurz übers Geschäft, schoben ein, zwei Dinge an. Dann genossen wir das Leben zu Lasten von Hendriks Firmenkreditkarte. Mitten in der Nacht schrieb ich eine SMS an Andrea: »Danke für den Termin. Drei gemeinsame Projekte, viel Geld verdient. Sie sind ein Schatz. Überbrückungszeit mit Ihnen und Telefonkonferenz verziehen.«

Antwort: »Da bin ich ja froh. P.S. Danke fürs Wecken.«

»Dann machen Sie Ihr Handy aus, wenn Sie schlafen. P.S. Da Ihr Chef und ich uns duzen, schlage ich das für uns auch vor.«

»Sehr gern. Wo sind Sie denn jetzt?«

»Du!«

»?«

»Wir duzen uns doch jetzt. Ich trinke mit Hendrik Wein – viel zu viel Wein.«

»Gemein.«

»Wieso?«

»Weil ich sie zusammengeführt habe und nichts bekomme.«

»Euch!«

»?«

»Es muss heißen ›euch zusammengeführt habe‹. Beim nächsten Mal kommst du halt mit. Versprochen: Eine Flasche Wein hast du bei mir gut. Gute Nacht.«

»Ich werde es mir merken. Viel Spaß noch.«

Eine Woche lang ließ ich nichts von mir hören. Um dann meine große Offensive zu starten. Hendrik hatte mir in der Zwischenzeit erzählt, dass Andrea geschickt versucht hatte, sich bei ihm über mich zu informieren.

»Sie wollte wissen, wann du Geburtstag hast, weil sie es angeblich in ihr Outlook eintragen wollte. Ich hab aber gesehen, dass sie deinen Namen gegoogelt und dann irgendeinen Quatsch mit Sternzeichen recherchiert hat.«

Außerdem addete sie mich bei Facebook. Ich meldete mich aber erst, als ich einen Termin in Mannheim hatte. Andrea war bei einer Veranstaltung in Stuttgart, also nur knapp 120 Kilometer von mir entfernt. Für einen kurzen Abstecher würde ich mir Zeit nehmen. Also schrieb ich ihr: »Liebe Andrea. Ich bin kein hoffnungsloser Romantiker. Ich glaube nicht an Schicksal. Aber ich kann – und es ist mir egal, wie bescheuert das klingt – an nichts anderes mehr denken als an dich. Du hast mich umgehauen. Deine wahnsinnigen Augen. Deine süßen Grübchen, wenn du lachst. Da ich dir noch eine Flasche Wein schuldig bin, habe ich heute Abend um 21 Uhr einen Tisch im Steigenberger am Bahnhof bestellt. Sorry, dass ich dich damit so überrumple, aber ich habe mich in dich verliebt.«

Die letzten sieben Worte waren fettgedruckt und auf Schriftgröße 48 gestellt. Ich wusste, dass das eine riskante Nummer war. Aber ich wollte diese Frau. Jetzt, an diesem Wochenende. Ohne großen Zirkus. Außerdem hatte ich keine Alternative in petto. Andrea sollte tatsächlich denken, dass ich mich in sie verliebt hatte. Und nachdem ich sie im Restaurant abgefüllt hätte, so mein Plan, wollte ich einfach sofort eine Etage höher ins Hotelzimmer gehen.

E-Mail senden! Rien ne va plus. Und es ging tatsächlich gar nichts mehr. Außer, dass ich Hendrik eine Riesenlachattacke bescherte. Denn was ich nicht gewusst hatte: Als Neue im Unternehmen hatte Andrea noch kein Blackberry. Sie konnte also während der Veranstaltungswoche ihre E-Mails nicht minütlich lesen. Deshalb wurden in dieser Zeit sämtliche Mails, die an sie gingen, direkt an ihre Kollegen weitergeleitet. Und auch an Hendrik. Der mich natürlich gleich anrief.

»Alter. Du bist so schlecht. Das ist der erbärmlichste Versuch, den du je gemacht hast. So eine Mail hätte ich von den Verehrern meiner Tochter erwartet. Und die sind zwölf Jahre alt. Ich schäme mich für dich. Diese Mail ist so hundsmiserabel, die werde ich mir einrahmen und ins Büro hängen. Dann habe ich selbst an den beschissensten Tagen etwas zu lachen.«

Es war nicht das erste Mal, dass ich mich kräftig per Mail blamiert hatte. Ich hatte schon mal an die allgemeine Kontaktadresse von Lufthansa geschrieben, weil ich mich mit einer Angestellten vom Bodenpersonal verabreden wollte. Bevor ich von Berlin nach Nürnberg flog, war ich mit ihr ins Gespräch gekommen. Am Telefon sprach ich über den 1. FC Nürnberg und sie hatte offensichtlich mein Telefonat belauscht.

»Wie kann man denn davon Fan sein?«, fragte sie mich. »Der beste Verein ist ja wohl Köln.«

Ich sagte ihr, dass ich kein Fan sei, und dass sie mir mit ihrer Wahl des Lieblingsvereins leidtun würde.

»Die verlieren wieder am Wochenende«, sagte ich. »Und wenn ich recht behalte, bekomme ich beim nächsten Flug ein Upgrade von Ihnen.«

Ich zwinkerte ihr zu und ging. Als ich den Sicherheitscheck passiert hatte, schrieb ich mir eine Erinnerung ins Handy: »Am Sonntag ›Lufthansa-Maus‹ schreiben.« Da ich sie aber nicht bei Facebook fand, beschloss ich, meine Mail direkt an Lufthansa zu schicken. Das Risiko muss einfach belohnt werden, dachte ich mir.

Pustekuchen.

Denn nachdem Köln verloren hatte und ich die »Sehr geehrten Damen und Herren« bat, meine Mail an Tanja Fischer weiterzuleiten, die mich am Donnerstag in Tegel von Berlin nach Nürnberg eingecheckt hatte, bekam ich folgende Antwort: »Auch wenn wir keine Partneragentur sind, habe ich mir die Mühe gemacht, Ihre Anfrage zu bearbeiten. Leider soll ich Ihnen von Frau Fischer mitteilen, dass sie nicht befugt ist, Ihnen ein Upgrade zu besorgen. Und außerdem ist sie nicht an Ihrer Einladung interessiert. Versuchen Sie es doch mal mit Speeddating.«

Bei meinem nächsten Flug mit Lufthansa hatte ich das Gefühl, dass mich sämtliche Mitarbeiter insgeheim auslachten. Stand da nun vielleicht in meinem Kundenprofil: »Vorsicht, geiler Flirttrottel! Bluse zu, bloß nicht lächeln. Der macht jede an!«?

KAPITEL 5

»Da war keine Spur mehr von Souveränität.«

Mein Leben gleicht einem gefährlichen Spiel. Eigentlich bewege ich mich täglich auf ganz dünnem Eis. Ein einziger blöder Zufall und meine Gemeinheiten, mein Betrug, meine Lügen könnten auffliegen. Damit muss ich leben. Und irgendwie genieße ich das sogar. Ich genieße es, mit einem großen Geheimnis durchs Leben zu gehen. Es ist eine Herausforderung, eine beängstigende, gleichzeitig aber auch unendlich reizvolle. Es ist eine Sucht, meine Sucht nach Lügen. Manchmal ist es bereits ein Nervenkitzel, mit Kristina auszugehen. Ein einfacher Barbesuch kann zum Fiasko werden. Wer garantiert mir, dass dort nicht ein ehemaliges Abenteuer hockt, das mich wiedererkennt? Anfangs habe ich noch darauf geachtet, nie etwas in den Städten anzufangen, in denen Kristina oder ich leben. Ich war supervorsichtig, betrog nur mit Netz und doppeltem Boden. Aber spätestens seit ich Lena, Kristinas Studienkollegin, während Kristinas Party im Auto flachgelegt hatte, glaube ich, unverwundbar zu sein. Noch nie hat Kristina irgendetwas gemerkt. Noch nie hat sie mir misstraut. Noch nie gab es Fragen. Dabei lauert die Gefahr selbst in der Videothek vor der Haustür.

Kristina hatte während ihrer Famulatur, dem praktischen Teil ihres Studiums, den sie in der Klinik verbringen musste, mehrere

Nachtdienste gehabt. Sie war fertig, die dunklen Ringe unter ihren Augen sahen schrecklich aus. Also entschieden wir uns, zu Hause zu bleiben und eine DVD zu schauen. Wie eigentlich immer stand ich bei den Neuerscheinungen und suchte bei den Politthrillern und Actionfilmen – die ich im Endeffekt nur für mich ausleihen würde. Unser Filmgeschmack geht weit auseinander. Kristina liebt deutsche Produktionen, Filme mit Daniel Brühl. Ich hasse sie. Genauso wie *Deutschland sucht den Superstar*, *Germany's Next Topmodel* und *Frauentausch*. Außerdem liebt Kristina Phoenix und arte – krasser könnte der Gegensatz zu ihrem Film- und Reality-Serien-Geschmack kaum sein. Bei mir liegen diese Sender irgendwo Richtung Sendeplatz 43 – bei Kristina auf Sechs und Sieben. Freiwillig würde ich mir den Mist gar nicht angucken. Trotzdem muss ich es, wenn Kristina bei mir ist. Ich habe auch gar keine Lust, mit ihr darüber zu diskutieren, ob wir nicht auch mal mein Programm gucken könnten. Es würde ohnehin nur im Streit enden. In Sachen Freizeitgestaltung kennt Kristina kein Pardon. Es wird gemacht, was sie will, oder es knallt. Allein die bescheidene Frage, ob ich am Samstag nicht wenigstens eine halbe Stunde *Sportschau* gucken dürfe, erzeugt bei ihr schon rote Flecken am Hals.

»Jetzt komme ich extra am Wochenende zu dir«, schimpft sie dann los, »und dir fällt nichts Besseres ein, als diesen Kack zu gucken.«

Gern wird mein kläglicher Versuch auch einfach mit »Nee, is nicht!« kategorisch ausgeschlossen. Von meinem Lieblingsverein kann sie keinen einzigen Spieler nennen – ich hingegen kenne alle ihre Stars: Barbara, das ätzende, rothaarige Nullachtfünfzehn-Model von ProSieben, ein Dutzend untalentierter Pseudosänger und all diese RTL-Experten, die meinen, wirklich jede Krise bewältigen zu können.

Jedenfalls suchte Kristina wie immer am anderen Ende der Videothek nach einem Film, der mich mit absoluter Sicherheit langweilen würde. Und dann kam Anni durch die Tür: dreißig Jahre alt, dunkles Haar, wie immer sah sie vom vielen Feiern müde und verlebt aus. Wir hatten uns im vergangenen Jahr im Urlaub in Griechenland kennengelernt. Mit fünf Freunden war ich in einen berüchtigten Single-Klub gefahren. Die einschlägigen Männermagazine haben ihm schon ganze Reportagen gewidmet. Sie berichteten von Angestellten, die am Strand in den frühen Morgenstunden benutzte Kondome aufsammeln. Tenor all dieser Geschichten: Hier kommt jeder auf seine Kosten. Und genauso war es auch: sechs Männer, elf Abenteuer, ein blaues Auge. Und Kristina dachte, ich sei auf einer Dienstreise. Das hatte ich ihr schließlich auch erzählt: Ich müsse ganz kurzfristig eine Woche weg. Das war in meinem Job schließlich nicht ungewöhnlich. Ich bin ständig unterwegs. Mal einen Tag, mal mehrere Wochen. Nur so krass hatte ich sie noch nie belogen. Ich müsse nach Mexiko, eine Einladung von einer Firma, mit der ich hoffte, dicke Verträge zu machen. Kristina fragt bei so etwas grundsätzlich nicht mehr nach. Sie versteht es einfach nicht und will es auch nicht verstehen. Eigentlich hätte es gereicht, ihr zu sagen: »Dienstreise, Geldverdienen: ich weg, in xy Tagen zurück.«

Sie macht mir das Lügen schon sehr leicht.

Einmal pro Tag rief ich sie an, um ihr zu erzählen, wie stressig die ganze Reise doch sei. Ich hatte tatsächlich Stress. Morgens musste ich zum Spinning. Meistens quälte ich mich mit roten Augen und einem tierischen Kater aufs Rad. Der Kopf dröhnte, während der stets gut gelaunte Super-Animateur in sein Mikro brüllte und uns zu Höchstleistungen antrieb. Wäre mein Rad nicht befestigt gewesen, wäre ich garantiert umgefallen – meinen Gleichgewichtssinn hatte ich jeden Abend aufs Neue verloren. Aber so hielt ich irgendwie durch, strampelte mir den Restalkohol aus dem Körper und verfluchte meine Jungs, die mich zwangen, unser Sport-Gruppenprogramm durchzuziehen. Anschließend wurde gesegelt, gesurft, gesonnt und geflirtet. Und zwar was das Zeug hielt. Schließlich wollte man sich bis zum Abendessen die besten Tischbegleiterinnen gesichert haben. Die wurden jeden Tag neu vergeben. Denn inoffizielles Motto des Clubs war: »Einmal f..., weiterschicken! Ich hatte eine Anwältin, eine Studentin, eine Pilotin und eine Apothekerin. Die Jüngste war 19 Jahre, die älteste 37. Damit hatte ich sogar Michael, dem Klub-Checker unserer Gruppe, den Rang abgelaufen. Bislang war er derjenige gewesen, der am meisten Abenteuer hatte. Dabei war es so einfach gewesen, ihn zu überbieten. Die meisten der Frauen dort waren beruflich sehr erfolgreich. Sie hatten ein abgeschlossenes Studium, waren in leitender Position und lebten ausschließlich für ihren Beruf. Dafür verzichteten sie sogar auf regelmäßigen Sex. Mächtig, erfolgreich, aber unausgeglichen – eine gefährliche Mischung. Im Urlaub sollte nun der Ausgleich her. Lasziv rekelten sie sich am Strand, flanierten in aufreizenden Abendkleidern vor dem Buffet auf und ab und vollführten auf der Tanzfläche so eindeutige Bewegungen, wie man sie eigentlich nur aus dem Tierreich kannte. Trotzdem endete mein erster Abend mit einem blauen Auge: Schon vor dem Abflug hatte ich mit Michael eine Wette laufen, wer von uns zuerst erfolgreich sein würde. Er war mit Ralf, Ingo, Sven und Daniel bereits in den letzten vier Jahren dort gewesen und wusste genau, wie der Hase lief. Ein gut aussehender Kerl, Investmentbanker, Mitte 30, mit unverschämt blauen Augen. Er zog noch seinen Koffer hinter sich her, als er schon vor dem Check-in im Klub seine erste »Attacke« startete. Ich konnte es kaum glauben. Spät am Abend hatte ich immer noch nichts Erfolgversprechendes in Sicht. Beinahe panisch und in der Angst, die erste Nacht allein verbringen zu müssen und als Großmaul und Verlierer zu gelten, suchte ich mir die betrunkenste Frau auf der Tanzfläche. Mit Zigarette und einem Wodka-Red-Bull (geschätztes Mischungsverhältnis siebzig zu dreißig) stolperte die kleine Blondine vom linken auf den rechten Fuß und grölte so laut und falsch mit, dass DJ Ötzis *Stern, der deinen Namen trägt* wohl beinahe vor Entsetzen vom Himmel gefallen wäre. Ohne uns großartig mit Formalitäten aufzuhalten, tanzten wir sofort eng umschlungen.

Ich weiß bis heute nicht, was sie mir ständig ins Ohr brüllte. Ich erinnere mich nur, dass sie keine Schuhe mehr trug und mir vor allem andauernd auf den Arm aschte. Aber das war mir egal. Ich wollte knutschen – und der Erste unserer Gruppe sein, der »punktete«, wie wir es bezeichneten. Doch mein Erfolg währte nicht länger als 30 Sekunden. Denn dann riss mich etwas an der Schulter herum, schubste mich und schlug mir mit der flachen Hand aufs Auge.

»Das hättest du wohl gern«, schrie mich eine aufgebrachte Furie, womöglich ihre Mutter, an. »Du denkst wohl, nur weil sie voll ist, kannst du hier machen, was du willst. Verpiss dich.«

Fazit des ersten Abends: 30 Sekunden geknutscht, ein blaues Auge und Kratzer im Gesicht. Was für ein Erfolg! Michael vergnügte sich übrigens zeitgleich am Fußballplatz auf der Auswechselbank.

Doch der Urlaub wurde besser. Das Küssen wurde unkomplizierter, denn viele Urlauber, die miterlebt hatten, wie ich am ersten Tag verprügelt worden war, reisten ab. Und die Frauen wurden immer verrückter. Eines Abends saßen wir nach dem Essen noch lange am Tisch. Außer uns war kein Gast mehr im Restaurant. Nur noch die Kellner wuselten zwischen den Tischen umher, um das Chaos zu beseitigen. Klirrende Gläser, feuchte Wischlappen und dazwischen wir: drei Frauen, drei Männer, viel zu viel Ouzo und ein Würfelbecher. Jeder von uns bekam eine Zahl zugeordnet. Ich war die Eins, Simone die Zwei, Michael die Drei und so weiter. Und die Zahl, die man würfelte, musste man küssen. Plötzlich knutschten wir wild durcheinander: Michael und Britta, Ralf und Steffi, ja, sogar Michael und Daniel und Steffi und Simone. Die Frauen setzten untereinander sogar ihre Zungen ein. Wir schrien und lachten so laut, dass wir von einem Animateur ermahnt wurden, der von der allabendlichen Musical-Aufführung im Amphitheater zu uns rübergerannt kam: Man könne dort wegen unseres Geschreis kaum etwas verstehen. Das war uns egal. Am vorletzten Abend traten wir sogar selbst auf: als Backstreet Boys bei der »Suche nach den nächsten Club-Superstars«. Und weil wir den halben Nachmittag unsere Choreografie übten, den Text probten, uns mit Gießkannen von oben bis unten nass machen ließen (um den Regen aus dem Musikvideo nachzustellen) und uns auszogen, hatten wir sogar Groupies, bekamen Küsse auf der Bühne, Rosen wurden uns zugeworfen und Zimmerschlüssel zugesteckt. Zugegeben, unsere Konkurrenten waren alt, dick und peinlich, sodass es ein Leichtes war, gut auszusehen.

Mit Anni, die mir nun in der Videothek gegenüberstand, war ich nicht im Bett gelandet. Sie gehörte nicht zu meinen Abenteuern. Sie war lediglich auch aus Berlin, zur selben Zeit im selben Klub, und wusste nur zu genau, was ich dort getrieben hatte. Immerhin hatten wir am Pool mehrfach neben ihr gelegen, weil Annis Freundin Birgit eine 14 auf unserer Skala war. Monate hatten wir uns nicht mehr gesehen. Und plötzlich, im falschesten Moment überhaupt, traf ich sie wieder. In meinem normalen Leben, in dem ich nicht um 21 Uhr die dritte Ouzo-Runde einleite. In dem ich mich nicht am Strand für »die wohl beste Massage der Welt« ersteigern lasse. Und in dem ich vor allem eine feste Freundin habe.

»Hey, ich bin Anni«, sagte sie zu Kristina, nachdem sie mir überschwänglich um den Hals gefallen war. »Haste endlich auch 'ne Freundin? Dann biste wohl dieses Jahr nicht mehr dabei?« Meine Hände waren schlagartig klitschnass. Angstschweiß! Mein Kopf lief puterrot an. Und der Kloß im Hals ließ sich einfach nicht runterschlucken. Mit drei knappen Sätzen beendete ich das Gespräch, versprach, mich mal wieder bei ihr zu melden, und log, dass Kristina und ich ja jetzt auch dringend weitermüssten.

Draußen vor der Videothek, ich hielt die deutsche Produktion *Soloalbum* in der Hand, blickte mich Kristina kalt an. Mir schwante Böses.

»Wer war das denn jetzt? Woher kennst du die? Hab nicht richtig zugehört.«

Für eine Millisekunde kehrte meine Hoffnung zurück. Kristina hatte also nicht alles mitbekommen. Hatte sie Annis Überraschung darüber, dass ich jetzt eine Freundin hatte, vielleicht überhört?

»So eine PR-Tussi«, log ich. »Die war damals mit in Mexiko. Weißt du noch? Letztes Jahr. Wir hatten immer gesagt, dass das ja wie Urlaub sei.«

Ich fühlte mich ertappt. So, als ob mir jemand mit einem Handschlag meine Tarnung vom Leib gerissen hätte. Nackt und hilflos. Da war keine Spur mehr von Souveränität. Das, was mich immer ausgezeichnet hatte, meine überzeugende Selbstdarstellung, war nicht mehr vorhanden. Wegen einer blöden Begegnung in der Videothek sollte nun alles vorbei sein? Mein schönes Playboy-Leben? Der Blender war enttarnt – aber nicht etwa in flagranti. Sondern unehrenhaft, ja, banal, durch einen saublöden Zufall.

Aber Kristina dachte gar nicht daran, meine Geschichte anzuzweifeln.

»Ist mir auch egal«, sagte sie nur. »Lass uns nach Hause gehen. Der Film wird dir bestimmt gefallen.«

Er gefiel mir nicht. Natürlich nicht. Aber ich hatte weder Stress mit Kristina, noch fand ich mich plötzlich als Single wieder. Es war ein schöner Abend. Und ich konnte mein Glück kaum fassen.

KAPITEL 6

»Du hast mich ins Chaos gestürzt.«

Der Zufall hätte gar nicht größer sein können. Plötzlich stand Corinna direkt neben mir am Flughafen Toulouse-Blagnac in Südfrankreich. Zuerst hatte ich sie gar nicht gesehen. Ich hatte abwechselnd auf mein Handy geblickt, E-Mails gelesen und immer wieder flüchtig aufs Kofferband geschaut. Unsere Agentur hatte ein Riesenproblem. Einer unserer Sportler hatte bis in die frühen Morgenstunden gefeiert: Es kursierten Fotos mit Frauen und Alkohol. Und es war klar, dass unser Junge ziemlich fertig war. Sportler dürfen natürlich auch mal feiern. Sie sind jung. Sie verzichten auf so viel im Leben. Irgendwann müssen auch sie mal die eiserne Disziplin vergessen und sich danebenbenehmen dürfen. Nur halt nicht, wenn Fotografen dabei sind. Der Boulevard schlachtete die Bilder richtig aus. Das Saubermann-Image des Sportlers war nun in Gefahr. Und unsere Werbepartner in heller Aufregung. Durch solche Schlagzeilen können wir richtig viel Geld verlieren. Nun musste ich Schadensbegrenzung betreiben. Daher stand ich völlig unter Strom.

»Bist du aber wichtig!«, raunzte Corinna plötzlich von der Seite. »Nur weil du eine Laptoptasche und ein iPhone hast, gibt dir das noch lange nicht das Recht, mich hier einfach zu ignorieren.«

Es war eine Ewigkeit her, seit wir uns das letzte Mal gesehen hatten. Eigentlich viel zu lange, denn Corinna ist eine unglaubliche Frau. Unheimlich heiß, unheimlich sexy, unheimlich unterhaltsam, aber auch unheimlich schusselig und dadurch unheimlich gefährlich. Unsere erste Begegnung endete im Krankenhaus: Ich stand an der Kasse bei Edeka, packte gerade meine Einkäufe aufs Band, eine Dose Red Bull, eine Flasche Champagner, meinen Mango-Smoothie und Lakritze – nach denen ich süchtig bin –, als Corinna auf meine Kasse zugewackelt kam. Vielleicht hatte sie keinen Einkaufswagen genommen, weil ihr ein Euro gefehlt hatte. Jedenfalls hatte sie nun alle ihre Artikel wie eine Pyramide auf ihrem Arm aufgetürmt und balancierte sie durch den Laden. Unten das Toilettenpapier, darüber Shampoo für seidig schimmerndes Haar, zweimal den Joghurt mit der Ecke, Minizwieback mit Vollmilchschokolade, Bananen, naturtrüben Apfelsaft. Zu guter Letzt klemmte unter ihrem rechten Arm auch noch eine Flasche Weißwein. Verzweifelt umklammerte sie ihre Ausbeute, deren Teile bei jedem Schritt bedenklich hin und her rutschten und immer mehr dem schiefen Turm von Pisa glichen, je näher sie der Kasse kam. Ich fragte mich gerade, wie sie dieses architektonische Meisterwerk wohl unfallfrei auf das Band stellen wollte, da bekam ich auch schon die Antwort. Gar nicht! Zunächst rutschte ihr der Wein unterm Arm weg. Während sie versuchte, ihn irgendwie aufzuhalten, und den Arm fester gegen ihren Körper drückte, geriet die auf die zwölf vierlagigen Toilettenpapierrollen gestellte Shampooflasche ins Rutschen und der Minizwieback fiel herunter. Alles stürzte in sich zusammen und klatschte an Kasse drei direkt vor meinen Füßen auf den Boden. Nur der Pinot Grigio – ausgerechnet das schwerste Produkt –, landete einen Volltreffer und fiel mitten auf meinen Zeh. Immerhin bremste dieser den Eineinhalb-Meter-Sturz ein wenig ab und die Flasche blieb verwunderlicherweise heil. Anders als mein Zeh, durch den sofort ein höllischer Schmerz schoss.

»Der ist wohl gebrochen«, sagte ich und versuchte, dabei möglichst cool und entspannt zu wirken. So einer schönen Frau konnte man gar nicht böse sein. »Es ist alles in Ordnung. Mach dir keine

Gedanken. Ich leg den hoch, wickle ein bisschen Tape drum. Und wenn es in einem Monat immer noch nicht gut ist, verklage ich dich einfach.«

Ich reichte ihr meine Visitenkarte, lachte, packte meinen Kram zusammen und wollte los. Doch Corinna dachte gar nicht daran, mich so einfach gehen zu lassen.

»Du musst auf jeden Fall zum Arzt. Meine Mutter hat sich auch mal einen Zeh gebrochen, war dann nicht damit beim Arzt und jetzt ist der krumm und schief und tut ihr immer noch weh. Ich fahr dich jetzt zu einem Arzt.« Corinna akzeptierte keine Widerrede. »Ihr Männer mit eurem falschen Stolz. Für gebrochene Knochen gibt es Ärzte. Basta. Es macht dich doch nicht cooler, wenn du hier den harten Mann spielst.«

Dann juckelten wir auch schon mit ihrem Fiat Panda los.

Der Wagen war ein fahrendes Chaos. In den Seitenfächern der Fahrer- und Beifahrertür steckten leere Wasserflaschen. Auf der Rückbank lagen ein 40-Liter-Sack Blumenerde, eine leere Cola-light-Kiste, ein Paket von der Wäscherei und eine Sporttasche. Außerdem klemmte ein Wäscheständer hinter meinem Sitz.

»Wohnst du hier drin?«, fragte ich Corinna, während ich dem winzigen Plüschhasen, der am Spiegel hing, einen Stoß gab.

»Das ist Mister Jack. Mein ältester Glücksbringer. Der passt auf, damit ich immer heil ankomme.«

»Aufräumen tut er aber offensichtlich nicht.«

»Es ist gerade alles chaotisch und stressig, gebe ich ja zu. Normalerweise bin ich gar nicht so unordentlich.«

»Und normalerweise hörst du auch keine Benjamin-Blümchen-Kinderkassetten«, sagte ich und hielt ihr die Kassettenhülle von *Benjamin Blümchen als Förster* vors Gesicht.

»Die höre ich nur zur Entspannung.«

»Und normalerweise wirfst du auch fremden Menschen keine Weinflaschen auf die Füße.«

»Ich bin vielleicht manchmal etwas schusselig. Da kann ich aber gar nichts für.«

Corinna hatte vor zwei Jahren ihr Studium beendet und arbeitete nun bei Airbus Deutschland in Hamburg.

»Und was machst du?«, fragte sie mich.

»Ich bin gerade zwei Wochen lang hier, um mit einer Werbeagentur eine Kampagne für einen TV-Spot zu entwickeln. Und eigentlich wollte ich gleich um die Alster laufen, später bin ich dann zum Grillen eingeladen.«

»Es tut mir wirklich leid. Ich weiß auch nicht, warum ich so ungeschickt bin. Letztens habe ich es geschafft, zwei Stunden lang in meinem Hausflur festzusitzen.«

»Bitte was?«

»Ich wohne in einem Mietshaus mit vier Parteien. Ich war spät dran, hab mir meine Handtasche geschnappt und bin aus meiner Wohnung raus. Vor der Tür habe ich dann gemerkt, dass ich die falsche Tasche dabei hatte. Statt meiner Bürohandtasche hatte ich die vom Abend zuvor mitgenommen. Und natürlich waren sämtliche Schlüssel und mein Handy in der anderen.«

»Und wieso ist man dann gefangen?«

»Bei uns in der Nachbarschaft wurde neulich eingebrochen. Und seither wird auch die Tür zum Treppenhaus immer abgeschlossen. Also war meine Wohnungstür zu und die Haustür auch. Und es waren natürlich keine Nachbarn da, die mir hätten helfen können. Nur der Hund von Frau Koche, der eine Stunde ununterbrochen gebellt hat, während ich auf der Treppe saß und Werbeprospekte auswendig gelernt habe.«

»Du hast nicht viele Freunde, oder?«

»Haha, Blödmann.«

Wenig später fuhren wir auf den Parkplatz eines Ärztehauses und ich humpelte hinein. »Also, vielen Dank, wir vergessen die Sache einfach. Es ist passiert, halb so schlimm. Du musst jetzt nicht warten. Ich nehme mir später ein Taxi. Machs gut.«

Corinna ließ es sich dann aber doch nicht nehmen, mir wenigstens meine Einkäufe ins Wartezimmer zu tragen. Dann verabschiedeten wir uns. Kurzzeitig hatte ich überlegt, ob ich sie noch nötige, mir zur Entschädigung etwas zu kochen. Aber irgendwie war ich mir sicher, dass sie sich auch von allein melden würde. Meine Nummer hatte ich ihr ja gegeben.

Die Untersuchung dauerte nicht lange. Tatsächlich waren sogar zwei Zehen gebrochen. Ich bekam ein Plastik-Etwas auf den einen gesetzt, dazu wurden beide noch mit meterlangem Tape umwickelt. Fertig. Als ich gehen wollte, saß zu meiner Überraschung Corinna im Wartezimmer.

»Kannst du mir vielleicht zwei Euro leihen?«

»Was machst du denn noch hier?«

»Ich habe mein Portemonnaie wohl in der ganzen Aufregung im Supermarkt liegen lassen. Und jetzt habe ich kein Geld, um das Parkticket zu bezahlen.«

»Du bist echt der Knaller.«

»Dafür fahre ich dich dann auch gleich nach Hause.«

Ich bezahlte das Ticket, drückte es Corinna in die Hand, setzte mich erneut in den Benjamin-Blümchen-Entspannungs-Panda und bekam gleich die nächste Vorstellung der Ich-bin-der-ungeschickteste-Mensch-der-Welt-Gala, und zwar als wir an der Schranke ankamen.

Die Ausfahrt aus dem Ärztehaus war leicht abschüssig. Corinna steckte das Ticket in den Parkautomaten und sah zu, wie die Schranke vor ihr auf und dann langsam wieder zuging, nachdem sie den Motor abgewürgt hatte. Da standen wir nun, ohne Ticket vor verschlossener Schranke.

»Auf 'ner schönen grünen Wiese liegt ein großer grauer Berg, streckt die Beine in den Himmel, neben ihm da steht ein Zwerg. Nein der Zwerg …«

Ich hatte die Benjamin-Blümchen-Kassette aus der Hülle geholt und ins Kassettendeck geschoben.

»Und, hilft es?«, fragte ich und lachte schallend los. »Fühlst du dich entspannt?«

Auch Corinna konnte trotz ihrer sichtlichen Verzweiflung ein kurzes Lächeln nicht unterdrücken.

»Und was machen wir jetzt?«

»Steig aus und komm rüber.«

Wir wechselten den Platz, ich rückte auf die Fahrerseite rüber und drückte den Notknopf.

»Es ist mir unendlich peinlich«, sagte ich in die knisternde Sprechanlage. »Aber ich habe gerade mein Ticket bezahlt, wollte aus dem Parkhaus fahren und habe dabei den Motor abgewürgt. Wissen Sie, ich habe einen gebrochenen Zeh und war zu stolz, meine Freundin fahren zu lassen. Ich wollte ihr zeigen, dass ich es trotzdem kann. Können Sie mich bitte aus dieser misslichen Lage befreien, ohne mich auch noch auszulachen?«

Der Mann lachte kräftig, fragte, ob wir nicht vorher besser Plätze tauschen wollten, dann machte er die Schranke per Knopfdruck auf.

»Danke.«

»Gern.«

»Und jetzt fahren wir erst einmal zu Edeka und hoffen, dass dein Portemonnaie noch da ist.«

Es war noch da, Corinna wieder etwas entspannter und ich so gut amüsiert wie schon lange nicht mehr.

»War das jetzt eigentlich ein normaler Pechtag in deinem Leben? Oder geht es noch schlimmer?«

»Nein, heute war es schon ein bisschen mehr als gewöhnlich. Normal wäre ein Unglück pro Woche.«

Corinna brachte mich zu meinem Hotel und wir verabschiedeten uns.

»Ich habe nur einen einzigen Wunsch«, sagte ich beim Aussteigen. »Versprich mir bitte hoch und heilig, dass du dich bei Airbus niemals, wirklich niemals, einem der Flugzeuge auf mehr als hundert Meter näherst. Bei deiner Schusseligkeit vergisst du noch deinen Lipgloss im Triebwerk oder machst irgendein Teilchen kaputt und der Vogel stürzt ab. Schwörst du, dass es für mich noch sicher ist zu fliegen, obwohl du bei Airbus arbeitest?«

Ich wartete ihre Antwort gar nicht ab, lächelte ihr noch einmal zu und verschwand in meinem Hotel. Drei Stunden später bekam ich die erste SMS von Corinna.

»Ich arbeite in der Pressestelle. Von daher kannst du ganz beruhigt ins Flugzeug steigen. Eigentlich muss man keine Angst vor mir haben.«

»Das hast du deinem letzten Freund sicher auch erzählt. Und bedauerlicherweise ist er bei einem tragischen Unfall ums Leben gekommen. Hab ich recht? Wie viel Prozent deines Gehalts gehen eigentlich für Hausrat- und Haftpflichtversicherungen drauf?«

»Ich habe zurzeit keinen Freund. Und wie hart es für den Ex war, verrate ich dir besser nicht.«

»Feigling.«

»Wollte dich eigentlich nur fragen, ob ich dich zur Entschuldigung zum Essen einladen darf. Das bin ich dir echt schuldig.«

»Gern. Muss nur schauen, wann ich Zeit habe. Sind ein wenig mit dem Spot in Verzug.«

Eine Woche lang schrieben wir uns täglich SMS hin und her, allerdings ohne uns wiederzusehen. Zwei Verabredungen zum Mittagessen musste ich kurzfristig absagen. Ich arbeitete und arbeitete also. Schon damals stand meine Karriere immer über den Frauen. Doch dann, an meinem vorletzten Abend in Hamburg, rief ich Corinna doch an.

»Wenn es tatsächlich noch mal was mit uns werden soll, dann jetzt und heute«, sagte ich ihr.

Eigentlich hatte Kristina am Wochenende zu mir nach Hamburg kommen wollen. Doch nach einem Streit hatte sie den Hörer aufgeknallt und war stattdessen in die Heimat gefahren. Corinna wusste natürlich nicht, dass ich vergeben war. Und Kristina – da war ich mir sicher – würde sich schon wieder einkriegen. Corinna holte mich vom Hotel ab und wir gingen im »Goldfisch« in Eppendorf essen. Sie war der Hingucker des Ladens: Ihr sandfarbenes Kleid endete wenige Zentimeter über den Knien. Ärmellos, weiter Ausschnitt, dazu ein dicker, brauner Ledergürtel mit einer ausgefallenen Schnalle. Ihre durchtrainierten langen Beine steckten in braunen Stiefeln.

»Weißt du, was das Schlimmste ist?«, fragte ich Corinna.

»Nein?«

»Du siehst so unglaublich fantastisch aus. Es ist eine Schande, dass wir dich gleich vollständig in Servietten einwickeln müssen, damit dein Kleid auch in zehn Minuten noch so schön aussieht und keine Rotweinflecken hat.«

»Blödmann.«

»Ich habe mir übrigens Schienbeinschoner angezogen und meine Füße gepolstert, damit ich den Abend verletzungsfrei überstehe.«

»Blödmann.«

Wir aßen, tranken, naschten vom Teller des anderen und hatten viel Spaß.

»Was war die größte Schusseligkeit, die dir je passiert ist?«

»Okay, aber danach ist mit dem Thema Schluss, versprochen?«

»Ehrenwort.«

»Letzten Winter musste ich Eis von den Scheiben meines Autos kratzen. Ich habe den Motor angemacht, das Gebläse auf warm gedreht und wie eine Weltmeisterin alle Scheiben freigekratzt.«

»Bislang ist die Geschichte relativ unspektakulär.«

»Als ich fertig war und ins Auto einsteigen wollte, war die Tür verschlossen. Alle Türen waren verschlossen. Und der Schlüssel steckte drinnen und der Motor lief.«

»Ach, Quatsch.«

»Wirklich, ich schwöre es. Die Zentralverriegelung hat wahrscheinlich wegen der kalten Temperaturen gesponnen. Mein Nachbar hat auch wie blöde an den Türen gerüttelt und alles versucht, aber es half nichts. Ich konnte noch nicht einmal in meine Wohnung, weil der Hausschlüssel natürlich auch am Bund war. Mein Nachbar hat dann den ADAC angerufen und mein Auto lief fröhlich weiter.«

Der Nachtisch kam, wir bestellten noch einen Wein und dann ließ Corinna die Rechnung bringen.

»Entschuldigen Sie vielmals, aber wir akzeptieren nur American Express oder Bargeld«, sagte der Kellner, nachdem er ihre Mastercard entgegengenommen hatte.

»So viel habe ich nicht in bar dabei. Und ich habe auch nur diese Karte.«

Ratlosigkeit in ihrem Gesicht. Tatsächlich stand in der Karte im Kleingedruckten der Hinweis, dass nur American Express akzeptiert wird. Also holte ich mein Portemonnaie raus und reichte dem Kellner meine Karte.

»Nichts da. Ich wollte dich doch einladen«, meckerte Corinna. »Kommt gar nicht in die Tüte, dass du jetzt auch noch bezahlst.« Am Ende blieb ihr nichts anderes übrig, als die Einladung anzunehmen. Wie Rumpelstilzchen hüpfte sie vor ihrem Wagen auf und ab.

»Ist das peinlich! Shit, Shit, Shit. Ich bin so eine dumme Kuh.«

»Es ist wirklich nicht schlimm. Der Abend war nett. Und wenn du drauf bestehst, dann überweist du mir das Geld halt irgendwann.«

»Wir fahren jetzt zu mir. Da habe ich Geld. Dann kriegst du es jetzt sofort wieder.«

»Es ist schon okay, ich kann darauf warten.«

»Ich will es aber!«

Wenig später standen wir in Corinnas Wohnung. Ich hatte mit einem kleinen Einraumappartement gerechnet, einfach eingerichtet. Sie fuhr schließlich einen Panda, der nicht nur seine besten Jahre schon lange hinter sich hatte. Eigentlich hätte er schon vor langer Zeit auf dem Autofriedhof seine letzte Ruhe finden sollen, so klapprig sah er aus. »Autos sind doch nicht wichtig. Hauptsache ich komme irgendwie von A nach B«, erklärte Corinna später.

Ihre Wohnung war skurril. Im Flur standen Männerschuhe, an der Garderobe hingen Männerjacken.

»Von meinem Mitbewohner. Wir teilen uns die Wohnung. Sie gehört eigentlich ihm, aber weil er so gut wie nie da ist und seine Freundin ihn verlassen hat, war sie ihm zu groß und ich habe ein Zimmer bekommen.«

Tatsächlich war das hier das Männerparadies schlechthin. Die offene Küche ging direkt ins Wohnzimmer über. Und da stand mittendrin ein Kickertisch. An der Wand hingen beleuchtete Bier-Werbetafeln von Becks, daneben blinkten in Rot und Blau auf einem LED-Schild die Worte »Bar open«. Eine Musikbox und ein Cola-Automat standen außerdem im Wohnzimmer.

»Das ist nicht euer Ernst, dass ich hier Geld einwerfen muss, damit ich eine Cola bekomme!?«

»Keine Sorge. Erwünschte Gäste dürfen sich hier aus dem Becher ein 50-Cent-Stück nehmen.«

Corinna reichte mir einen Becher mit Kleingeld. »Die Cola geht aufs Haus«, lachte sie. »Und zwar so lange, bis ich meine Schulden bei dir los bin.«

»Also, dass du so wohnst, hätte ich nie erwartet.«

»Das ist auch nur übergangsweise. Mein Freund war weg, ich brauchte schnell ein Zimmer und dann bin ich hier gelandet. Ist nur noch eine Frage der Zeit, bis ich hier raus bin.«

Ihr eigenes Reich sah tatsächlich ganz anders aus. Rote Bettlaken, ein silberner Kerzenständer. Auf einem Regal waren alle Kuschelrock-CDs seit 1987 aufgereiht.

»Corinna, du bist die komischste Frau, die ich je getroffen habe. Du könntest bei jedem Topmodel-Casting ohne Weiteres zum Sieg durchmarschieren, wenn du Heidi Klum nicht vorher töten, das Studio abfackeln oder dir auf dem Catwalk die Beine brechen würdest. Wie kann man denn bitte ein Prinzessinnen-

Romantik-Zimmer haben und gleichzeitig Kinderkassetten hören und Flaschenbier trinken. Du bist echt völlig skurril.«

»War das jetzt ein Kompliment? Wenn ja, solltest du das lieber noch mal üben.«

»Spielen wir Kicker? In der Zeit überlege ich mir, was es sein sollte.«

Corinna war mir haushoch überlegen. Binnen Sekunden führte sie mit zwei Toren.

»Wir können ja um eine Massage spielen«, schlug ich trotzdem vor. »Dann habe ich wenigstens einen Anreiz, dich fertigzumachen.«

Wie gesagt, bis heute sind Massagen mein Lieblingswetteinsatz. Corinna willigte ein.

»Das wirst du bereuen, du Schnacker.«

Sie besiegte mich 10:2. Als wir auf ihrem Bett landeten, zog sie bereitwillig die Träger ihres Kleides runter.

»Damit du besser arbeiten kannst«, sagte sie lachend.

Als ich ihren BH öffnete, grinste sie bloß. Ich mimte den schüchternen Jungen. Bloß nicht zu draufgängerisch. Ganz vorsichtig glitten meine Hände über ihren zarten Rücken. Es war mehr ein Streicheln als ein Kneten. Corinna schnurrte wie eine Katze. Plötzlich drehte sie sich einfach um und zog mich an sich heran.

»Jetzt küss mich doch endlich«, sagte sie. Ihre festen Brüste gefielen mir. Wir küssten uns voller Verlangen. Corinna war wild. Mit einem Riss zog sie mir den Gürtel aus der Hose.

»Du bist ganz schön schüchtern«, sagte sie.

Wenn du wüsstest, dachte ich nur und genoss meine Überlegenheit. Als ich am nächsten Morgen in ihrem Arm aufwachte, war Corinna schon wach. Noch immer lag sie nackt neben mir und beobachtete mich einfach.

»Guten Morgen«, sagte sie und küsste mich auf die Wange. Doch irgendwie sah sie traurig aus. »Wir müssen reden«, sagte sie, auf einmal sehr ernst und bestimmt. Es fröstelte mich. Was will sie nur, fragte ich mich.

»Sind wir jetzt eigentlich zusammen?«, wollte sie wissen. Ich hatte fünf Stunden geschlafen. Zugegeben, neben einer sehr schönen Frau. Der Sex war klasse und ich mochte Corinna. Aber was sollte die Frage? Was wusste ich schon von ihr, abgesehen vom Inhalt unserer ungefähr 45 SMS? Ich kannte nicht mal ihr Geburtsdatum, nicht ihre Lieblingsfarbe, wir hatten ein einziges Date gehabt. Und einmal Sex. War es da nicht etwas verfrüht, von »zusammen sein« zu sprechen? Ganz davon abgesehen war ich mit Kristina zusammen. Und natürlich hatte ich während der gesamten Corinna-Geschichte, wie eigentlich immer, nicht eine Sekunde darüber nachgedacht, wie ich jemals aus der Nummer wieder rauskommen würde. Doch bevor ich überhaupt etwas sagen konnte, beantwortete Corinna ihre Frage auch schon selbst.

»Ich meine«, fing sie an. »Ich mag dich wirklich sehr gern. Du bist ein toller Mann. Seit ich dich kennengelernt habe, muss ich ständig an dich denken. Ich fand es so schade, dass du unsere Verabredungen immer abgesagt hast. Ich wollte dich einfach ganz schnell wiedersehen. Ich glaube sogar, dass ich in dich verliebt bin.«

Ich lag einfach nur da und hörte Corinna zu.

»Aber wir können nicht zusammen sein. So sehr ich mir das auch wünsche.«

In Gedanken machte ich Freudensprünge. Wie einfach sich doch das Thema von selbst erledigte. Ich war zwar selbst sehr von dieser Frau fasziniert, aber ich hatte nicht vor, Kristina zu verlassen und eine neue Beziehung aufzubauen.

»Ich werde nach Frankreich ziehen.«

Einen Moment lang war ich geschockt. Was passierte hier gerade?

»Weißt du, ich glaube, wir behalten diesen Abend als einen ganz besonderen in Erinnerung. Du bist ein besonderer Mensch für mich. Aber so sehr ich mir auch wünsche, mit dir zusammen zu sein, es geht nicht. Ich werde nächste Woche nach Toulouse versetzt. Und ich möchte dann nicht, dass mein Freund Hunderte Kilometer von mir weg ist.«

Corinna küsste mich, eine dicke Träne kullerte über ihre Wange. Und zum ersten Mal war auch ich wirklich traurig.

»Wenn du in Frankreich einfällst, versinkt das Land spätestens in einem Jahr sowieso im Chaos.« Ein schlechter Witz. Aber etwas anderes fiel mir in dem Moment nicht ein. Ich zog sie an mich heran, nahm sie ganz fest in den Arm.

»Du sollst nicht gehen.«

»Ich muss aber.«

Danach musste ich noch oft an diesen Abend zurückdenken. Weil Corinna anders war als all die anderen Abenteuer. Sie war so unkompliziert und gleichzeitig so unglaublich faszinierend. Ich habe mich oft gefragt, ob ich mit ihr glücklicher wäre als mit Kristina. Ich habe mir vorgestellt, wie unsere Beziehung aussehen könnte. Wenn ich an sie dachte, bekam ich sogar Herzklopfen. Und das war mir noch nie zuvor passiert. Wir hatten noch einige Wochen intensiven Kontakt. Aber irgendwann wurden die Mails weniger. Wir schickten uns nur noch sehr unregelmäßig SMS. Es war uns beiden klar, dass wir völlig unterschiedliche Leben führten. Dass unser schönes Kapitel bereits hier zu Ende war. Und irgendwann löschte ich Corinnas Nummer, sortierte ihre letzten Mails aus meinem Postfach und sie war raus aus meinem Leben.

Zwei Jahre lang hörten wir überhaupt nichts voneinander. Bis mich in der Weihnachtszeit die Sehnsucht überkam. Ich musste an Corinna denken, fragte mich wieder einmal, wie eine Beziehung mit ihr wohl gewesen wäre. Und ärgerte mich, dass ich den Kontakt zu einer der tollsten Frauen, die ich je kennengelernt hatte, abbrechen lassen hatte – wegen eines Umzuges nach Frankreich! Ich durchsuchte mein Handy nach einer alten SMS: Fehlanzeige. Ich fand sie unter ihrem Namen weder bei Facebook noch in einem der anderen sozialen Netzwerke. Selbst bei der Auslandsauskunft konnte man mir nicht helfen. Also schrieb ich ihr eine ganz lange

Mail und probierte alle erdenklichen Varianten an E-Mail-Adressen aus, die man aus ihrem Namen bei Gratisanbietern auswählen konnte. Ich schickte meine Mail an GMX, freenet, Google Mail und alle möglichen Anbieter, die das Internet hergab. Mit Punkt zwischen Vor- und Nachnamen, mit Unterstrich. Vorname und Nachname in richtiger und in umgekehrter Reihenfolge. Alles. Mein Postfach quoll irgendwann über von Fehlermeldungen: »Unzustellbar: Mail Delivery Subsystem. Die eingegebene E-Mail-Adresse konnte nicht gefunden werden. Überprüfen Sie die E-Mail-Adresse des Empfängers, und versuche Sie, die Nachricht erneut zu senden.« Doch meine Mühe zahlte sich aus, eine der Mail-adressen war offensichtlich die richtige gewesen. Und zwei Tage später bekam ich eine Antwort von Corinna.

Wir blieben in sporadischem Kontakt. Zuerst mailten wir täglich: Sie erzählte mir alles, was sie in Frankreich erlebt hatte. Doch wieder verebbte der Kontakt mit der Zeit.

Und nun stand Corinna plötzlich neben mir. Diese Wahnsinnsfrau, mit der ich eine meiner wunderbarsten Nächte überhaupt verbracht hatte. Sie war noch schöner, als ich sie in Erinnerung hatte. Wir tranken einen schnellen Kaffee auf der Flughafenterrasse und verstanden uns gleich wieder prächtig. So, als hätten wir uns in den letzten Jahren regelmäßig gesehen. Als ich nach einer halben Stunde zu meinem Termin losmusste, schwor ich mir, Corinna wiederzusehen. Und tatsächlich dauerte es nicht einmal zwölf Stunden, bis ich bei ihr zu Hause auf dem Balkon saß.

»Liegst du schon im Bett?«, fragte ich Corinna, als ich sie gegen Mitternacht aus dem Auto anrief. Ich bin jetzt mit meinem Termin durch und auf dem Weg ins Hotel.«

Mein Flieger war für den nächsten Morgen um sieben Uhr gebucht. Ich war hundemüde, wollte nur noch schlafen. Doch der Gedanke, nach Deutschland zu verschwinden, ohne Corinna noch einmal gesehen zu haben, gefiel mir gar nicht. Glücklicherweise schien es ihr ähnlich zu gehen, denn sie lud mich zu sich ein.

Das Thermometer zeigte noch 18 Grad, sodass wir auf dem Balkon sitzen konnten. Ihre neue Wohnung war so ganz anders als die alte. Kein Kickertisch, kein Becks-Schild. Statt eines blinken LED-Schilds hatte sie eine Schwarz-Weiß-Zeichnung einer Ballerina im Wohnzimmer hängen. Corinna erzählte mir von ihrem Job, den Eigenarten der Franzosen und von ihrem Freund, mit dem sie seit zwei Jahren zusammen war. Sofort hasste ich diesen Kerl. Meine Corinna sollte keinen anderen haben. Ich mochte sie. Immer noch. So albern es auch war, aber ich verzehrte mich nach einer Frau, mit der mich außer einer gemeinsamen Nacht, siebzig Mails, einer Niederlage beim Kickern und einem Dutzend Anrufen nichts verband. Zwischen uns lagen Hunderte von Kilometern und dann war da ja auch noch meine Freundin. Ich versuchte, den Gedanken an diesen Kerl zu verdrängen, und lenkte das Thema auf andere Dinge. Ich wollte endlich die Chance nutzen und mehr von Corinna erfahren. Ich wollte sie endlich richtig kennenlernen. Ich kannte ja weder ihren Musikgeschmack, noch wusste ich, welches ihr Lieblingsfilm war.

Zwei Stunden später, es war bereits vier Uhr in der Früh, kannte ich alle Antworten.

»Eigentlich müssten wir ja jetzt in eine Bar gehen, du müsstest mir eine Kicker-Revanche zugestehen und ich würde mir dann meine Massage zurückholen«, sagte ich zu Corinna. »So aus Tradition.«

»Eigentlich schon«, stimmte sie zu. »Wobei ...«

»Weißt du«, fiel ich ihr ins Wort. Mein Herz klopfte, ich konnte kaum einen klaren Gedanken fassen und musste Corinna jetzt endlich gestehen, wie toll ich sie fand. »Seit wir uns das erste Mal geküsst haben, muss ich ständig an dich denken. Ich habe dich nie vergessen. Nicht eine Sekunde von der wenigen Zeit, die wir miteinander verbracht haben.«

Corinna schaute mich erwartungsvoll an.

»Mir gefällt der Gedanke nicht, dass du einen anderen Mann an deiner Seite hast.« Ich stockte. Sollte ich ihr wirklich sagen, was ich dachte? Wir gingen in ihre Wohnung. Corinna war kalt. Drinnen setzte ich erneut an: »Ich glaube, dass es damals ein Riesenfehler war, dass wir unserer Liebe – oder sagen wir besser: Verliebtheit – keine Chance gegeben haben. Wir wären das perfekte Paar gewesen, trotz der Entfernung. Ich hätte sogar deinen Benjamin-Blümchen-Kassetten-Tick akzeptiert.«

Immer wieder hörte ich auf zu reden und schaute Corinna einfach nur an. Ich wollte sehen, wie meine Worte bei ihr wirkten. Ich analysierte sie. Und insgeheim hatte ich Angst, dass sie nicht so reagieren würde, wie ich es mir erhoffte. Ich wollte nicht mit ihr ins Bett. Ich wollte nicht mit ihr schlafen. Ich wollte dieser Frau wirklich gestehen, dass ich mich in sie verliebt hatte.

»Wenn du keinen Freund hättest«, sagte ich schließlich, »hätte ich dich schon längst geküsst. Daran habe ich schon den ganzen Tag gedacht.«

Es war keine vorbereitete Rede. Ich war nicht, wie sonst, der coole Verkäufer. Der Typ, der gern im Mittelpunkt steht und weiß, wie er die Leute mit seinem Charme einfängt. Ich war einfach ein verliebter Kerl, aus dem die Worte nur so sprudelten. Mal schneller, mal langsamer. Mal sinnvoll, mal weniger. Ich redete, ohne nachzudenken. Und ich dachte nicht eine Sekunde lang an Kristina. Das tat ich zwar sonst auch nie, wenn ich sie betrog. Aber für keine andere Frau hatte ich je zuvor solche Gefühle gehabt. Bei keiner hatte mir der Sex etwas bedeutet. Es war immer nur ein Mittel zum Zweck gewesen: kalt, eine rein körperliche Sache. Doch hier und jetzt war alles anders. Ich redete nicht, weil ich einen Plan verfolgte. Ich redete nicht, weil ich sie beeindrucken und ins Bett locken wollte. Mein Bauch sagte mir einfach, dass ich all das loswerden musste. Und ich wurde es los.

Als ich wenig später im Flugzeug saß, war ich vollkommen verwirrt. Ich wusste gar nicht mehr, was ich eigentlich wollte. So kannte ich mich gar nicht. Hatte ich das eben wirklich alles ernst gemeint, was ich da gesagt habe? Wo war die kühle Berechnung geblieben, mit der ich sonst jede Anmache durchdachte? Was war mit mir, dem gewissenlosen egoistischen Arschloch, nur los? Dachte ich tatsächlich gerade darüber nach, Kristina zu verlassen?

Noch am selben Tag informierte ich mich über die Flugzeiten von Berlin nach Toulouse. Was würde es mich kosten, wenn ich von nun an regelmäßig alle paar Wochen nach Frankreich fliegen würde? Ich machte mir ernsthaft Gedanken darüber. Am nächsten Tag schrieb ich Corinna einen langen Brief. Ich wiederholte vieles von dem, was ich ihr am Vortag bereits gesagt hatte. Ich erzählte ihr, dass ich bei rechtzeitigem Buchen für weniger als 400 Euro zweimal im Monat hin und her fliegen könnte. Und dass mir die Entfernung völlig egal war. »Um mit dir zusammen zu sein, würde ich mit dem Fahrrad nach Frankreich fahren«, schrieb ich und zerriss den Brief in sieben gleichgroße Teile. Er sollte wie ein Puzzle sein. Gleichzeitig bestellte ich bei Fleurop sieben Sträuße Rosen, langstielig, jeweils für 50 Euro. Als Nachricht fügte ich immer eines der Brief-Puzzle-Teilchen an, indem ich sie abfotografierte und Fleurop per Mail schickte. Der Aufwand war mir vollkommen egal, der Preis natürlich auch. Ich wollte Corinna – mit aller Macht. Ich wollte, dass aus diesen zwei unglaublichen Abenden, die wir erst miteinander verbracht hatten, zweihundert würden. Oder zweitausend. Ich wollte Glück, mein Glück mit Corinna. Und ich beschloss: Für sie verlasse ich Kristina.

Ich konnte Corinnas Reaktion auf meine Post gar nicht erwarten. Was würde sie sagen? Hatte ich ihr Herz erobert? Sieben lange Tage platzte ich fast vor Aufregung. Die Anspannung war gigantisch. Dann schrieb sie endlich eine SMS: »Du spinnst ja total. Wo soll ich denn mit den ganzen Blumen hin? So viele Vasen habe ich gar nicht.«

Mehr schrieb sie nicht. Erst zwei Tage später bekam ich eine E-Mail. Darin schrieb Corinna:

»Ich sitze noch immer in einem Meer von Rosen. Der Blumenbote meinte: ›Da muss Sie ja jemand ganz besonders lieben.‹ Und genau das ist mein Problem! Die Blumen sind nicht von dem, den ich liebe. Sie sind von einem anderen Menschen. Vielleicht wünsche ich mir sogar insgeheim, dass sie von ihm wären. Mein Kopf spielt völlig verrückt. Ich bin einfach nur verwirrt. Und unsicher. Ich habe deinen Brief zusammengebastelt und bestimmt zwanzigmal gelesen. Eigentlich wollte ich dir auch einen Brief schreiben, weil Briefe so viel schöner sind als blöde E-Mails. Aber nachdem ich die ersten drei Versuche allesamt wieder zerrissen habe, weil sie so blöd und bescheuert klangen, habe ich mich für diese E-Mail entschieden. Ich hoffe, du kannst mir das verzeihen. Ich hoffe sowieso, dass du mir nach dem, was ich dir jetzt sagen muss, noch verzeihst und überhaupt weiter Kontakt mit mir haben möchtest. Also, ich schreibe jetzt drauflos und schicke die E-Mail einfach ab, ohne sie noch einmal zu lesen. Egal wie wirr sie ist. Du hast mich in Chaos gestürzt. Das musst du jetzt selbst wieder ausbaden. Mann, was soll das? Ich bin seit sieben Tagen verwirrt und durcheinander. Mein Kopf platzt. Es ist nichts mehr, wie es war. An einem Tag möchte ich dich anfassen, dich streicheln, dich berühren und dich küssen. Manchmal bin ich freudestrahlend und aufgeregt morgens zur Tür gerannt, weil ich es kaum erwarten konnte, ein neues Teilchen von deinem Brief und einen neuen Strauß Blumen zu bekommen. Am nächsten Tage würde ich dich am liebsten mit den Rosen verprügeln und meine ganze Aggression an dir auslassen. Ich bin in einer glücklichen Beziehung. Ich habe einen wundervollen Menschen kennengelernt, dem ich blind vertraue. Ich kann mit ihm seit Tagen nicht vernünftig reden, weil du mein Liebesleben durcheinandergerüttelt hast. Ich stammele mir einen zurecht, wenn ich mit ihm spreche. Er hat mich schon gefragt, warum ich so komisch sei. Und was soll ich ihm sagen? Dass ich in einem Blumenmeer sitze? Dass ich über meine Gefühle für ihn nachdenke? Das kann ich doch nicht machen.

An einem Morgen wache ich auf und hasse dich dafür, dass du so etwas bei mir auslöst. Dann frage ich mich: Bin ich wirklich so glücklich in meiner Beziehung, wenn Marco mit ein paar Blumen so ein Gefühlschaos bei mir auslösen kann? Manchmal wünsche ich mir sogar, dass ich dich nie kennengelernt hätte. Und manchmal denke ich: Los, Corinna. Trau dich. Liebe ist verrückt und kompliziert. Liebe ist nicht planbar. Manchmal muss sie einen Umweg nach Toulouse machen. Gib euch endlich die Chance, die ihr verdient.

Das macht mich fertig. Jeden Tag spuken mir andere Gedanken durch den Kopf. Warum musstest du mir das antun? Mann, die Blumen sind wunderschön. Aber jedesmal wenn ich sie angucke, könnte ich weinen. Ich habe sogar meiner Mutter eine Kopie von deinem Brief geschickt. Und auch sie musste weinen. Sie meinte, das sei die rührendste Liebeserklärung, die sie je gesehen hätte, und du müsstest ein ganz besonderer Mensch sein. Meine beste Freundin sagt, dass das eine Masche sei und dass du bestimmt bei jeder Frau so einen Zirkus veranstalten würdest, um sie zu beeindrucken. Und selbst meine Schwester habe ich in meiner Krise um Rat gefragt. Aber – wie hätte es auch anders sein können – ihr fiel nichts Besseres ein als: ›Wenn du ihn nicht willst, treffe ich ihn gern.‹ Na, danke für die Hilfe!

Jetzt sitze ich hier und weine. Ich weine ständig. Und warum? Ich weine, weil mir ein toller Mann seine Liebe gestanden hat. Das kann doch nicht wahr sein. Das sollte doch anders sein. Warum musste ich damals im Restaurant die falsche Kreditkarte haben? Warum musste ich dich deshalb mit nach Hause nehmen? Wieso mussten mir überhaupt meine Einkäufe runterfallen? Ohne alle diese blöden Zufälle hätten wir uns nie kennengelernt und mir ginge es jetzt nicht so. Warum musstest du an diesem gleichen blöden Flughafen sein wie ich? Und dann wiederum denke ich mir: Es kann doch kein Zufall sein, dass es so viele Zufälle gibt. Das muss doch etwas zu bedeuten haben!

Ich habe mich bei der Arbeit krankgemeldet, weil mich das alles verwirrt. Wahrscheinlich würde ich – obwohl ich nie einem

Flugzeug zu nahe komme – bei meiner derzeitigen geistigen Umnachtung trotzdem ein Drama auslösen. Ich kann nicht richtig nachdenken.

Eigentlich würde ich gern in der Zeit zurückreisen und all das ungeschehen machen, um wieder Herr meiner Sinne zu sein.

Ich weiß, dass du das alles nicht hören willst. Es tut mir unendlich leid. Du wirst irgendwann die Frau deiner Träume finden. Aber ich bin es nicht. Am Wochenende kommt mein Freund zu mir und ich weiß nicht, wie ich ihm gegenübertreten soll. Ich werde all deine Blumen wegschmeißen müssen, obwohl es mir das Herz bricht. Außer vom Film vielleicht, kenne ich keine Frau, die so viele Blumen von einem Mann geschenkt bekommen hat. Ich bin froh, dass es dich gibt und dass ich dich kenne, aber andererseits fühle ich mich schuldig und elend, weil ich Dirk wahrscheinlich nicht die volle Wahrheit sagen werde. Das passt nicht zu mir, weil ich immer ehrlich bin. Aber wie kann ich ehrlich sein, ohne diesem Menschen wehzutun? Es wird mir wehtun, deine Blumen wegzuschmeißen. Aber wie soll ich es Dirk erklären? Ich tue lieber mir weh als ihm.

Ich hoffe, du kannst meine wirren Gedanken irgendwie verstehen. Ich weiß, dass dies nicht die Mail ist, die du dir erhofft hast. Es tut mir leid. Und ich bitte dich, meine Entscheidung zu respektieren, und möchte, dass wir keinen Kontakt mehr haben. Das würde mir nicht guttun. Ich will, dass mit Dirk alles wieder so wird, wie es war. Wenn wir in Kontakt blieben, ginge das nicht. Sorry! Deine Corinna«

Mein Herz zersprang in tausend Teile. Ich weinte bitterlich. Zum ersten Mal überhaupt weinte ich wegen einer Frau. Ich liebte sie doch. Ich hätte alles dafür getan, sie glücklich zu machen. Warum ließ sie es nicht zu? Am nächsten Tag kam Kristina zu mir. Wir gingen essen, schliefen miteinander. Aber ich dachte an Corinna. An diesem Abend. Am nächsten. Und auch noch zwanzig Abende später. Bis heute habe ich sie nicht vergessen.

KAPITEL 7

»Es gibt ein Beweisstück.«

Eigentlich gibt es keine Beweise für mein Doppelleben. Ich sichere mich ab, doppelt und dreifach. Mein Sicherheitsnetz ist gigantisch: Angefangen beim Zweithandy bis hin zu hieb- und stichfesten Notfallalibis. Kristina denkt, dass ich ein Dienst- und ein Privathandy habe. Eines, auf dem ich für meine Freunde erreichbar bin, und eines, das ich ausschließlich im Job nutze. Doch eigentlich ist es anders: Die eine Nummer haben sowohl meine Freunde und meine Familie als auch alle meine Geschäftspartner. Die andere Nummer bekommen meine Frauen. An meinen freien Tagen – und nur an denen sehe ich Kristina ja meist – ist mein B-Phone immer ausgeschaltet (»B« wie Bunny, Betrug, Bett, belanglos, Befriedigung ... passender kann man sein Zweithandy nicht bezeichnen). Nicht dass Kristina dabei ist, wenn das Telefon klingelt, und ich plötzlich in Erklärungsnot gerate. Ich würde auch niemals in ihrer Gegenwart meine E-Mails checken. Die Gefahr, eine verräterische Liebesnachricht im Postfach zu haben, wäre viel zu groß. Aus Angst, Kristina könnte mein Passwort knacken, ändere ich es einmal im Monat.

Meine besten Freunde wissen alle, was für ein Schwein ich bin. Ich spreche ganz offen mit ihnen. Sie wissen von den meisten Affären, Liebschaften und Sexabenteuern. Selbst meine besten Freundinnen weihe ich ein. Aber nicht, weil ich prahlen will. Ich weiß, dass sie alle ihre Probleme mit Kristina haben. Keiner meiner Freunde kann sie wirklich ausstehen, weil sie sich mit jedem schon einmal übelst angelegt hat. Die meisten haben sogar schon versucht, mir ins Gewissen zu reden, dass mir diese Frau nicht guttun würde. Aber inzwischen haben sie es aufgegeben und sogar miteinander gewettet, in welchem Jahr Kristina und ich heiraten werden. Selbst wenn mir ein Fehler unterliefe und Kristina einen Verdacht hätte, könnte ich mich darauf verlassen, von meinen Jungs ein wasserdichtes Alibi zu bekommen. Es gibt also nichts, was Kristina darauf bringen könnte, dass ich ein verlogenes Schwein bin.

Abgesehen von einer Sache. Es gibt ein Beweisstück, das meine Lügenwelt in sich zusammenbrechen lassen könnte. Etwas, von dem ich mich aber niemals trennen würde: die Mail von Corinna. Ich habe sie ausgedruckt und nun liegt sie eingeschlossen in einer grauen Sicherheitskassette unter meinem Bett im Schlafzimmer. Ein Zentimeter Stahl und ein winziger Schlüssel, der an meinem Schlüsselbund hängt, verbergen meine größte Lüge vor Kristina. Auch zwei Fotos von Corinna liegen in dem Minitresor. Einmal, nach einem richtig heftigen Streit, wäre meine Lüge beinahe aufgeflogen. Kristina tobte und wütete durch meine Wohnung. Sie riss unsere gemeinsamen Bilder aus den Rahmen und zerstörte in ihrem Tobsuchtsanfall sogar eine Collage, die sie mir einmal zum Geburtstag gebastelt hatte. Sie hatte Bierdeckel mit Liebesschwüren aus unserer Anfangszeit, Eintrittskarten von Konzertbesuchen und die Flugtickets von unserem gemeinsamen Urlaub aufgeklebt und mit Sprüchen und Herzchen verziert. Nun lagen sie in bestimmt zwanzig Teilen auf dem Boden und Kristina verlangte – in diesem unerträglichen Kreischton, den sie immer anschlägt, wenn sie sich maßlos ärgert –, dass ich ihr sofort »unser Buch« wiedergebe. »Unser Buch« war auch eines ihrer Geschenke an mich. *Alles über uns* heißt das gute Stück, in dem unsere schönsten Erinnerungen festgehalten waren. In der Einleitung schreibt der Autor, dass es eine geheime Sprache zwischen zwei Menschen gäbe, »die selten zum Ausdruck kommt – für Außenstehende und oft sogar für die Partner selbst. Dieses Buch versucht mit vielen Fragen, verspielt sowie ernsthaft, diesen mysteriösen Kode zu knacken, indem es uns zu einem tieferen Verständnis dafür führt, wer wir sind und wie wir lieben.« Anschließend muss man als Paar unzählige Fragen beantworten. Zum Beispiel, welche drei Dinge Kristina sich von mir wünscht (ihre Antwort: treu, kinderlieb, zuverlässig); drei Dinge, die unserer Beziehung hoffentlich nie zustoßen (ihre Antwort: Seitensprung, Krankheit, Langeweile), oder so wichtige Dinge wie, ob wir lieber bei offenem oder geschlossenem Fenster schlafen. Ohne Widerrede – und leider auch, ohne nur eine Sekunde nachzudenken – drückte ich Kristina den Schlüssel für die Kassette, von deren Existenz sie wusste, in die Hand, damit sie sich unser Buch nehmen konnte. Doch schon während sie unter meinem Bett nach der Kassette tastete, fiel mir ein, zu welch verhängnisvollem Fehler es sich entwickeln könnte, dass ich ihr den Schlüssel einfach so gegeben hatte. Der Streit war mir egal. Die zerstörte Kollage sowieso. Mir war das Ding immer schon ein Dorn im Auge gewesen. Doch hätte ich sie nicht aufgehängt, hätte ich mir von Kristina anhören müssen, dass mir unsere Beziehung nicht wichtig sei, ob ich mich für sie schämte und dass ich mir ja gar keine Mühe gäbe. Also hing das kitschige Ding mitten in meinem Schlafzimmer, wo auch mein zweiter Fernseher und die Couch standen und wo ich mit meinen Jungs regelmäßig Playstation zockte, wenn Kristina nicht da war. Und so hörte ich statt ihres Gemotzes den Spott meiner Jungs – der mir aber tausendmal lieber war.

Und schon hatte Kristina die Kassette erwischt und öffnete das Schloss. Ein paar Handschellen mit Plüschbezug fielen raus, mein Sparbuch, mein Reisepass, eine Porno-DVD, die ich zum Geburtstag von meinem Freund Sven bekommen hatte, unser Buch und auch die ausgedruckte E-Mail von Corinna.

»War ja klar, du geiler Idiot«, schrie mich Kristina an. Sie hatte die DVD gesehen und feuerte sie mir entgegen. Dann schnappte sie sich unser Buch, stopfte es in ihre Tasche und knallte meine Wohnungstür zu. Den Brief hatte sie in ihrem Motzanfall vollkommen übersehen.

Wieder einmal hatte ich Glück gehabt. Unfassbares sogar.

KAPITEL 8

»Jetzt kannst du Kondome kaufen.«

Auf der Suche nach Sexabenteuern passieren wirklich die skurrilsten Sachen: Ich wurde schon ausgeraubt, musste in Italien 300 Euro Bußgeld zahlen, weil ich es öffentlich im Auto getrieben hatte. Aber manchmal ist es auch einfach nur lustig, wie in London: Eigentlich war ich viel zu müde, um noch auszugehen. Den ganzen Tag hatte ich auf der Tennisanlage in Wimbledon verbracht. Doch ich hatte einem Freund versprochen, abends mit ihm loszuziehen und das Londoner Nachtleben unsicher zu machen. Wir landeten in einem vornehmen Klub, in dem überwiegend Franzosen feierten. Eine Französin hatte es mir besonders angetan. Sie trug ein enges Top, einen kurzen karierten Rock und schwarze Stiefel. Eine Stunde lang tanzte ich neben ihr, wir lächelten uns zu – aber keiner traute sich, den anderen anzusprechen. Ich wusste schließlich, dass meine Disco-Anmachen nur wenig erfolgversprechend waren. Also ersparte ich mir den Korb, insbesondere vor einem Freund, und flirtete nur äußerst zurückhaltend – aber leider auch ohne nur einen Schritt weiterzukommen. Erst als das Licht um drei Uhr anging, nahm ich allen Mut zusammen und sprach sie an. Sie hieß Adelina, arbeitete als Au-pair in London und hatte dieses Wochenende ausnahmsweise frei. Ihre Gasteltern waren mit den beiden Kleinen zu den Großeltern gefahren. Und so konnte Adelina zum ersten Mal, seit sie auf der Insel war, abends feiern gehen. Wir spazierten durch den Park und obwohl wir kaum etwas übereinander wussten, fuhren wir zusammen zu meinem Hotel. Es war ein kleines Haus, gerade mal elf Zimmer, in der Nähe von Earls Court. Wir sprangen unter die Dusche, seiften uns gegenseitig ein und veranstalteten danach eine Kissenschlacht, die wahrscheinlich im ganzen Haus zu hören war. Wir waren total heiß aufeinander und verwöhnten uns gegenseitig. Nur miteinander schlafen konnten wir nicht, weil ich – entgegen meiner Vermutung – keine Kondome mehr hatte. Enttäuscht schliefen wir nebeneinander ein. Ich Trottel. Keine Gummis. Das war mir auch noch nie passiert. Normalerweise habe ich immer Kondome dabei. Sie kommen gleich nach der Zahnbürste auf meiner Packliste. Doch wegen eines Rasierschaumunfalls hatte ich meinen kompletten Kulturbeutel weggeschmissen. Da war nichts mehr zu retten gewesen. Ich hatte alles neu kaufen müssen – und dabei eben die Kondome vergessen.

Doch Adelina wollte nicht auf ihren Spaß verzichten. Am nächsten Morgen rüttelte sie mich unsanft wach.

»Es ist sechs Uhr«, sagte sie mit ihrem wunderschönen französischen Akzent. »Du kannst jetzt Kondome kaufen.«

Ich schaute sie ungläubig an.

»Du glaubst doch nicht, dass ich verschwinde, bevor wir es getan haben«, lächelte sie zuckersüß.

Also stiefelte ich zum nächsten Kiosk, der tatsächlich schon um diese Zeit geöffnet hatte, und kaufte einen Schokoriegel, etwas zu trinken und Kondome. Auf dem Rückweg schossen mir die schlimmsten Gedanken durch den Kopf. Vielleicht war Adelina eine Diebin, die gerade mein Zimmer ausräumte. Aber als ich die Zimmertür aufschloss, lag sie auf meinem Bett, streichelte sich selbst und sagte bestimmt: »Endlich. Ich warte schon sehnsüchtig.«

KAPITEL 9

»Bei *der* landest du sowieso nicht.«

Die meisten meiner Abenteuer sind nur von kurzer Dauer. Mal tauchen sie für einige Stunden in meinem Leben auf, mal ein paar Tage. Längstenfalls ein paar Wochen. Bruchstücke bleiben in Erinnerung, mehr aber auch nicht. Dazu sind sie einfach zu unbedeutend. Nicht mehr als eine Fußnote in meinem Leben. So sollte es jedenfalls sein. Um mich nicht selbst zu belasten, wenn ich am nächsten Tag wieder zu Kristina ins Bett krabbele. Wohin sollte es schon führen, wenn ich an eine andere denke, während ich meine feste Freundin küsse? Eigentlich, sagen wir mal zu 95 Prozent, kann ich meine Affären auch komplett ausblenden, so als gäbe es sie überhaupt nicht. Es fühlt sich nicht falsch an, wenn ich Kristina küsse. Ich kann ihr in die Augen schauen, ohne ein schlechtes Gewissen zu haben. Ich kann ihr ehrlich sagen, dass ich sie liebe. Ich kann mit ihr über unsere Zukunft sprechen – ohne auch nur eine Sekunde Zweifel zu haben. Zu 95 Prozent ist es so. Doch die verbleibenden fünf Prozent können mein Leben durchaus auf eine harte Probe stellen. Bei Corinna fühlte ich mich das erste Mal richtig schlecht. Das Gefühlschaos, das diese Frau auslöste, trieb mich beinahe in den Wahnsinn.

Deshalb hatte ich mir immer geschworen, dass es nie wieder solche Zwischenfälle geben würde. Doch es gab sie. Zwar äußerst selten, aber dann in extremer Form.

Ich war auf dem Weg nach Sylt. Ein Mandant hatte für Samstag in sein Ferienhaus zu einer illustren Runde geladen. Ich fuhr bereits am Freitag los: 5 Stunden und 18 Minuten Zugfahrt. In Itzehoe stieg ich in das Abteil mit meinem reservierten Platz, es war menschenleer. Erst kurz nach der Abfahrt stürzte Laura herein.

»Ich sag dir, das kotzt mich so an! Ich hab die Schnauze so dermaßen voll.«

Sie trug ein Headset und telefonierte. Und währenddessen hackte sie auch noch permanent auf ihrer Laptoptastatur herum.

»Für wen hält sich dieser Professor eigentlich? ›Sie müssen da noch ein Komma setzen. Das Quellenverzeichnis ist nicht ausreichend.‹ Der soll sich sein Quellenverzeichnis in den Hintern schieben. Das zerschießt mir doch die ganze Formatierung, wenn ich da jetzt noch mal alles ändere.«

Na herrlich, dachte ich mir, eine schlecht gelaunte Oberzicke. Dreißig Minuten ging das so. Sie keifte und fluchte und schimpfte und telefonierte ohne Punkt und Komma. Laura hatte einen leichten Silberblick, war schätzungsweise Mitte zwanzig. Obwohl es mich eigentlich nervte, ihre Diskussion mit anhören zu müssen, belauschte ich sie unauffällig. Irgendwie war es ja auch ganz spannend. Ohne auch nur eine einzige Frage zu stellen, erfuhr ich ihren Nachnamen, dass sie auf dem Weg zu ihren Eltern war und ihr Pferd eine Entzündung im Vorderhuf hatte.

Laura erfüllte wirklich jedes Klischee, das man von einer Sylt-Touristin haben konnte. Sie schien einem Burberry-Katalog entsprungen zu sein, denn sie hatte nicht nur eine Tasche mit Karomuster, sondern auch noch die passende Laptoptasche und den passenden Schal dazu. Ganz gewiss hatten allein diese beiden Teilchen über 1.000 Euro gekostet. Dazu trug sie Segelschuhe und Perlenohrringe. Für ihre Frisur hatte sie wahrscheinlich auch mehrere Hundert Euro hingeblättert, obwohl der Friseur offensichtlich die Kontrolle über die Schere verloren hatte oder auf Koks gewesen war, als er ihr die Haare schnitt. Wobei ihr dieses blonde kurze Chaoshaar schon verdammt gut stand und irgendwie auch zu ihrem leichten Schielen passte.

Heimlich machte ich ein Foto von ihr und schickte es an Dirk.

»Hilfe. Hol mich hier raus«, schrieb ich ihm. »Ich werde von Mrs Superspießig zu Tode gelangweilt.«

»Wieso so angefressen? Lässt sie dich etwa nicht ran?«, lautete seine Antwort.

»Noch nicht probiert.«

»Bei *der* landest du sowieso nicht. Dafür müsstest du erst einen Segelkurs machen oder anfangen, Polo zu spielen«, forderte mich Dirk heraus.

»Quatsch. Klar leg ich die flach. Bis Sonntag hab ich sie. Wetten? Champagner?«

»Deal. Angeber!«

Ich verzog mich erst einmal ins Bordrestaurant. Bei all dem Gequatschte und Gefluche von Laura konnte ich mir unmöglich eine Strategie einfallen lassen. Sie einfach anzusprechen wäre wenig erfolgversprechend, da war ich mir sicher. Ich bestellte mir einen Rotwein, eine Rinderbrühe mit Gemüseeinlage und kaufte die *Süddeutsche*.

Mit einem Mal machte der Zug eine Vollbremsung. »Personenschaden«, wie es so schön heißt: Jemand hatte sich vor den Zug geworfen, ein Suizid, wegen dem sich die »Weiterfahrt auf unbestimmte Zeit verzögern« würde. Da wusste ich plötzlich, was zu tun war.

Mit meinem Laptop suchte ich bei Facebook nach Laura. Ihren Vor- und Nachnamen hatte ich ja vorhin mitbekommen. Nach wenigen Minuten hatte ich sie gefunden. Dann schrieb ich ihr.

Nachricht 1
Von: mir
An: Laura
Hallo Laura.
Ich bin gerade vor deinem Dauergequassel aus dem Abteil geflüchtet. Dein Prof scheint ja echt ein Penner zu sein. Soll ich dir gleich was aus dem

Bordrestaurant mitbringen? Ich kann ja nicht verantworten, dass du den sicheren Hungertod stirbst, weil wir jetzt so lange hier rumstehen müssen ...
Liebe Grüße.
Der Kerl, der dir vorhin im Abteil gegenübersaß

Außerdem schickte ich Laura gleich eine Freundschaftseinladung hinterher.

Nachricht 2
Von: Laura
An: mich
Hallo Marco.
Warum solltest du mir was aus dem Restaurant mitbringen? Was ist passiert? Hab während der Ansage telefoniert.

Nachricht 3
Von: mir
An: Laura
Jemand hat sich vor unseren Zug geschmissen. Beim letzten Mal, als mir das passiert ist, hat es fast sechs Stunden gedauert, bis wir weiterfahren konnten.

Nachricht 4
Von: Laura
An: mich
Ne Apfelschorle vielleicht.

Nachricht 5
Von: mir
An: Laura
Gut. Und bis ich mit dem Essen fertig bin, musst du mir jetzt gegen die Langeweile schreiben. Okay, dann fangen wir mal mit Lauras lustiger Lebensbeichte an:

Warum sitzt du hier im Zug?
Was muss passieren, damit deine Laune wieder besser wird?

Laura biss an. Sofort schickte ich eine SMS an Dirk: »Was freu ich mich doch auf meinen Champagner …«

Nachricht 6
Von: Laura
An: mich
Okay, Fremder! Aber wenn ich dich hier schon unterhalten muss, bezahlst du mir meine Apfelschorle und ich nehme auch noch Kekse oder so was, natürlich auch auf deine Kosten. Und du musst mir versprechen, dass du nicht so langweilig bist, wie es dein Profil vermuten lässt: »Tatsächlich Liebe« als Lieblingsfilm anzugeben ist schon dramatisch und macht dich nicht wirklich sexy …

Nachricht 7
Von: mir
An: Laura
Wie frech du bist. Woher willst du denn wissen, dass es mich nicht finanziell ruiniert, wenn ich dir gleich zwei Teilchen bezahle! Dafür musst du schon einiges an Unterhaltungs-Highlights bieten. Und vor allem müsstest du nett sein und mich nicht so runterputzen. Ich bin sensibel … nur Spaß. Außerdem tu doch nicht so: Du bist eine Frau. Du weinst bestimmt bei sentimentalen Filmen und weißt auch schon seit Urzeiten, wie deine Traumhochzeit aussieht. Und schlussendlich: Was erlaubst du dir eigentlich, über meine Seite zu motzen! Du gibst ja gar nichts von dir preis und hast die langweiligste Facebook-Seite aller Zeiten. Da bleibt mir ja gar nichts anderes übrig, als die nicht vorhandenen Infos aus dir herauszukitzeln. Das hast du jetzt davon:
1) *Was ist dir peinlich?*
2) *Welche Filme stehen auf deiner persönlichen Hassliste?*
3) *Wohin geht die Reise?*

4) *Und noch mal, weil du es nicht beantwortet hast: Was muss passieren, damit deine Laune besser wird?*

Nachricht 8
Von: Laura
An: mich

1) *Führerschein-Nachschulung, Anti-Knirsch-Schiene und unbegabter Koch-Trottel*
2) *»Tatsächlich Liebe«*
3) *Ich sitze im Zug, weil ich meine Eltern in unserem Haus auf Sylt besuche und nach dem Uni-Stress eine Woche Auszeit brauche.*
4) *Bessere Laune? Wenn du mich nicht nerven würdest.*

Mein Fragen an dich:

1) *Gibt es wirklich gute Filme, die du gesehen hast?*
2) *Was kann meine Anti-Knirsch-Schiene schon toppen?*

P.S. Nur um das klarzustellen: Ich mache den Spaß hier jetzt eine Zugfahrt lang mit – und dann sehen wir uns sowieso nie wieder. Klar?

Nachricht 9
Von: mir
An: Laura

Wenn du mich nicht »kennengelernt« hättest, würdest du dich jetzt schon langweilen. Du würdest verzweifelt aus dem Fenster starren und dich danach sehnen, dass dir jemand die Zeit vertreibt. Also tu nicht so hartherzig. Insgeheim bist du total dankbar, dass es mich gibt. Außerdem würde ich an deiner Stelle nicht so frech sein: Du trägst eine Anti-Knirsch-Schiene. Das Unerotischste, was es gibt. Selbst wenn du im Bett eine Wucht wärst, würden die Männer sofort Reißaus nehmen, wenn sie das erfahren.

Meine Antworten:

1) *»Tatsächlich Liebe«, »Valentinstag«, »P.S. I love you«, »Pretty Woman« – eigentlich bin ich eine Frau, komme aber gerade von einer Geschlechtsumwandlung, konnte nur meine Emotionen noch nicht so schnell umstellen . Hahahaha.*

2) Deine Anti-Knirsch-Schiene toppt alles. Dagegen bin ich machtlos. Wobei ich zugeben muss: Auch ich musste mich zweimal um meinen Führerschein bemühen. Hab während der Autobahnfahrt fluchend so einen Blockierer der linken Spur rechts (!) überholt und ihn dabei angepöbelt. Kam nicht sooooooo gut an …

Neue Fragen:

1) Gehörst du zu der Sorte Frau, die Männern hemmungslos Drinks abzocken und sie dann stehen lassen?

2) Wofür gibst du mehr Geld aus? Shopping oder Wohnung?

Nachricht 10

Von: Laura

An: mich

Ja, du hast mich durchschaut. Ich bin so in dich verliebt. Du bist mein heimlicher Traummann. Schon als ich ins Abteil gekommen bin, dachte ich nur: Da ist er, mein Traumprinz … Vorsicht, Sie neigen zu Selbstüberschätzung. Und eine Illusion kann ich dir jetzt schon nehmen: Du wirst niemals erfahren, wie verdorben ich im Bett bin. Und über meine Knirsch-Schiene wirst du dir auch niemals Gedanken machen müssen.

Drinks: Wir sind im 21 Jahrhundert. Ich kann mir meine Getränke selbst kaufen. Wohnung oder Shopping: Ganz schwierig. Eigentlich bin ich Shopping-süchtig. Ich liebe Klamotten. Ich bräuchte meinen eigenen Postzusteller, so oft wie ich Klamotten geschickt bekomme. Aber da ursprünglich zwei Leute in meiner Wohnung gewohnt haben und einer davon weg ist und ich sie trotzdem behalten will, zwingt mich die hohe Miete zum Shopping-Verzicht. Bin quasi auf Entzug!

Nun meine Frage: Wie oft hast du ohne Erfolg in Drinks investiert?

Nachricht 11

Von: mir

An: Laura

»Wir sind im 21. Jahrhundert.« Was für ein Bullshit. Jetzt mach hier mal keinen auf Super-Emanze. Du lässt dich einladen. Darauf wette ich!

Zu deiner Frage: Hältst du mich für so doof, dass ich auf deine Fangfrage reinfalle? Egal was ich antworte: Entweder stehe ich als Loser oder als Aufreißer da. Vergiss es. Aber egal. Ich bin halt ehrlich und so sind die Regeln unseres Spielchens. Also, ich schätze mal: Sieben Imperial Ice, 25 Liter Wein, acht Mineralwasser und ein paar Dutzend Gin-Tonic waren erfolglos verschenkt.

Wieso ist dir ein Mitbewohner verloren gegangen? Und was macht die Wohnung so besonders, dass du trotzdem drinbleibst und dich finanziell ruinierst?

Nachricht 12
Von: Laura
An: mich
Mein Mitbewohner ist nicht verloren gegangen. Ich habe ihn aus der Wohnung gescheucht. Und es war auch nicht mein Mitbewohner. Nennen wir ihn einfach Exfreund. Warum? Weil wir beide die größten Dickköpfe der Welt sind und es wohl sonst nur Mord und Totschlag gegeben hätte.

Ich kann die Wohnung nicht aufgeben. Sie ist perfekt! Okay, fast perfekt. Es fehlt ein Balkon. Ansonsten hat sie alles und ist einfach nur traumhaft. Ich habe eine Fußbodenheizung, die dafür sorgt, dass meine Eisfüße, die ich auch im Hochsommer habe, zumindest etwas warm sind. Die läuft immer (kein Spruch!). Und ich habe einen begehbaren Schuhschrank. Die Wohnung habe ich mir über die Jahre so eingerichtet, dass alles perfekt ist. Das gebe ich doch nicht auf, nur weil meine Teilmiete weg ist. Nee, nee, nee!

Wieso muss ich Fragen zu meiner Wohnung beantworten?

Nachricht 13
Von: mir
An: Laura
Hey Eisfuß!
Warum ich dich über deine Wohnung ausquetsche? Na ja, ehe ich mein Hab und Gut zusammenpacke und deine Teilmiete übernehme, weil ich mich unsterblich in die Zug-Emanze verliebt habe, die eigentlich nur als

Lückenbüßer dienen sollte, muss ich doch checken, ob ich mich bei dir wohlfühlen würde. Ach Moment, Quatsch. Du musst ja zu mir ziehen. Ich habe nämlich einen Balkon und eine Fußbodenheizung. Und aus einem meiner vierundzwanzig Zimmer werden wir dir bestimmt auch einen begehbaren Kleiderschrank und einen Schuhschrank herrichten können. Jetzt bist du wieder dran:

1) *Nimm mir bitte endlich dieses gruselige Bild, dass du dich nicht einladen lässt. Verstehst du es denn nicht? Wir Männer laden euch Frauen gern ein. Weil das nun mal seit Hunderten von Jahren so ist, dass ihr Frauen uns finanziell ruiniert. Du machst mein Frauen-Männer-Weltbild kaputt.*
2) *Was magst du an Männern nicht?*
3) *Was war die schlechteste Anmache, die du jemals erlebt hast?*

Nachricht 14
Von: Laura
An: mich

Einmal hat ein Exfreund mit einer Gitarre vor meinem Fenster gespielt. Kein Witz! Und er hat dazu gesungen. Kennst du »Du bist mein Stern. Du bist für mich der Sonnenschein«? Das war so schlimm. Ich war gerade umgezogen und wohnte vielleicht gerade mal zwei Wochen in dem Haus. Ich habe mich vor meinen Nachbarn in Grund und Boden geschämt. Besonders weil ich mit dem Kerl nur einmal in einem Club rumgeknutscht habe. Ich habe – und jetzt wirst du mich herzlos nennen – selbst die Polizei gerufen: wegen Ruhestörung. Aber es ging nicht anders.

Und der Brüller: Ich kann das sogar noch durch das beschissenste Kompliment aller Zeiten toppen: »Du bist so schön, so wunderschön wie ein Elch«. Mein Gesicht ist in dem Moment übrigens eingefroren ... Der Typ war Tierpfleger im Zoo und hatte wohl zu viele Huftritte an den Kopf bekommen. Er war wirklich für Elche zuständig und meinte das als ernsthaftes Kompliment.

Zu den Drinks: Was willst du eigentlich noch? Du darfst mir doch meine Apfelschorle ausgeben. Also zerstöre ich gar nicht dein Frauen-Männer-Weltbild.

Sag mal: Wie viele Fragen werden das hier noch? Ist dein Essen nicht inzwischen kalt?

Ich habe das Gefühl, dem Marco-Frauen-Test unterzogen zu werden. Am Ende ziehst du wirklich noch bei mir ein. Oh pardon, ich meinte natürlich: Ich ziehe zu dir.

Was ich bei Männern nicht mag? Die Liste ist lang. Sehr sehr lang.

Erst mal optisch: Ich mag keine Bärte. Weder Wildwuchs noch Dreitagebart. Von uns Frauen erwartet ihr doch auch, dass wir nicht an den Beinen piken. Und die Achseln müssen glatt sein und der Rest sowieso akkurat getrimmt. Also: Ich will keine Kratzspuren im Gesicht. Bitte Babyhaut. So schwer ist das nicht.

Ich mag auch keine Brillen (die stören beim Küssen). Und schon gar keine Nerd-Brillen. Warum glauben eigentlich so viele Menschen, dass sie so schön sind, dass sie diese fette, klotzige Brille nicht entstellen würde???

Ansonsten: Mann darf nicht dumm sein. Nicht unwitzig. Nicht geizig. Es gibt nichts Schlimmeres, als wenn die Geldbörse festgewachsen ist. Nicht aufdringlich. Nicht grob.

Hab ich schon gesagt, dass ich Ohrringe und Tattoos hasse? Und ich verabscheue Fußballprolls. Ich belasse es jetzt mal bei einem Auszug. Sonst sprengt meine Liste den Rahmen.

Mir kommt aber gerade ein Gedanke: Vielleicht bin ich Single, weil ich zu hohe Ansprüche an die Männer habe!

Du wieder:

1) *Du spendierst Frauen* Imperial Ice-*Champagner? Entweder hast du es nötig, bist verzweifelt oder du verdienst ganz gut …*
2) *Was magst du bei Frauen nicht?*

Nachricht 15

Von: mir

An: Laura

Hey Eisfuß-Emanzen-Elch!

Also, ich gehe mal deine Männer-Checkliste durch … Ach nee, doch nicht. Vorher muss ich meine Nerd-Brille umtauschen und mich rasieren. Bringt also eh nichts. Außerdem sehen wir uns sowieso nie wieder. P.S. Ich bin immer rasiert und habe keine Brille. Und wenn, dann würde ich mir sofort die Augen lasern lassen. Verdammte Eitelkeit!!!

Trotzdem: Ich muss dir zum Glück ja gar nicht vormachen, dass ich dein absoluter Traumtyp bin, der nahezu all deine Kriterien mit Bravour erfüllt. Lassen wir das. In Wahrheit wollte ich mir morgen ja ein neues Tattoo stechen lassen, das Emblem von meinem Lieblingsfußballverein. Bin ja seit Jahren Mitglied bei Bayern und fahre zu jedem Auswärtsspiel ...

Zu Deinen Fragen:

Champagner? Ich habe gar nicht geschrieben, dass es Champagner ist. Ich wusste aber, dass du das Getränk kennst. War quasi ein Test, in welchen Clubs du so verkehrst. Warum sollte ich keinen Champagner ausgeben? Wenn es eine besondere Frau ist, dann kann ich nicht punkten, indem ich ihr eine Apfelschorle ausgebe ... Ups.

Meine No-Gos bei Frauen? Burberry-Schal und dazugehörige Taschen, Perlenohrringe, rasierte Beine. Ich mag es, wenn es sprießt. Okay, bin jetzt mal zur Abwechslung ernst: spontan, unternehmungslustig. Ich hasse es, nur auf dem Sofa zu sitzen und nichts zu machen. Ich will Action. Von mir aus könnten wir zum Flughafen fahren, uns vor die Abflugtafel stellen, irgendein Ziel nach dem Zufallsprinzip raussuchen und hinfliegen. Es gibt doch nichts Aufregenderes, als sich innerhalb von fünf Minuten dafür zu entscheiden, jetzt sofort aufzubrechen und in den Urlaub zu fliegen. Hab ich gerade hinter mir. Hab letztens mit einem Freund genau das gemacht – sind in Rio gelandet. Weltklasse!

Was noch? Sie sollte viel lachen. Sie sollte auch ein eigenes Umfeld haben und nicht komplett nur an ihrem Freund dranhängen. Eigentlich sind meine Anforderungen nicht so komplex. Offen, ehrlich, witzig, spontan, fröhlich, auch mal crazy. Kein Sexmuffel. Heiß, sexy, wild, gelenkig. ☺

- *Wie viel Zeit verbringst du bei Douglas oder in anderen Kosmetikgeschäften?*
- *Was an dir hat dein Exfreund am meisten gehasst?*
- *Wovor hast du Angst?*

Nachricht 16

Von: Laura

An: mich

Mann, was du alles wissen willst ... Zu deinen Fragen:

1) *Gute Frage! Wahrscheinlich sollte ich am besten über Douglas wohnen. Oder einen eigenen Schlüssel haben. Oder ich könnte mir in einer Filiale ein Bett aufstellen. Ja, ja, ja, erwischt. Ich bin schminksüchtig. Aber eigentlich tun wir armen Frauen das ja auch alles nur für euch Männer. Wenn es euch nicht gäbe und ihr nicht so furchtbar fordernd wärt, müssten wir nicht immer wie aus dem Ei gepellt rumlaufen. Also: Du schuldest mir stellvertretend für alle Männer 1.000 Euro, die ich im Laufe des letzten halben Jahres für Kosmetika ausgegeben habe. So!*
2) *Mein Ex? Ich glaube, dass er mich komplett hasst. Hab ihn ja rausgeschmissen. Aber das meinst du wahrscheinlich nicht. Er würde wohl zwei Sachen nennen. Erstens: »Sie ist lebensgefährlich.« Ich schlafe recht unruhig, drehe mich tausendmal pro Nacht um. Er ist mehrfach neben meinen Füßen aufgewacht und mit blutiger Nase. Und zweitens würde er schreien: »Sie ist überordentlich!« Als wir zusammengezogen sind, hatte er eine akute Allergie gegen Besen, Staubsauger, Wischtücher, Staubwedel und Putzmittel. Außerdem war er blind. Bartstoppeln (Wie ich sie hasse!) hat er grundsätzlich beim Putzen übersehen. Kalkspuren in der Dusche – was soll das bitte sein? Man kann Schuhe in der Wohnung ausziehen – ach was! Ich musste ihn erziehen. Und als er stubenrein war, haben wir uns auch fast schon wieder getrennt ... Grrrrrrr!*
3) *Ich habe Angst vor Krankheit (wie wohl jeder, oder?). Und vor Regenwürmern. Musste im Kindergarten mal einen essen (Mutprobe). Seither bekomme ich einen Brechreiz, wenn ich nur an diese Viecher denke.*

Meine Fragen an dich:

1) *Bist du romantisch?*
2) *Was sind deine Schwächen?*
3) *Hast du ein gutes Verhältnis zu deinen Exfreundinnen?*
4) *Haustiere?*

Nachricht 17
Von: mir
An: Laura
Hey schminksüchtiger Emanzen-Elch!
Ich werde dir ganz bestimmt keine 1.000 Euro überweisen. Du hast dich bislang noch nicht ein einziges Mal für mich *geschminkt. Solange sich das nicht ändert, musst du deinen Lidschatten und deine Mascara schön selbst finanzieren. Also, meine Antworten:*

Romantik? Sagen wir es mal so: Ich habe durchaus schon mal eine Kerze angezündet, ein Schaumbad eingelassen und mit Rosenblättern dekoriert und ein Blumengeschäft von innen gesehen. Ich kann dir jetzt aber natürlich nicht alles verraten. Vielleicht daten wir ja eines Tages doch und dann kennst du mein ganzes Romantikrepertoire schon.

Ich finde, dass man eine Beziehung nie als etwas Selbstverständliches sehen darf. Es ist ja keine Romantik, abends die Freundin mit einem Essen zu überraschen, mal mit Rosen, mal mit einem Ausflug zu einem romantischen Picknick am Tegernsee oder an der Spree mit Wein und Weintrauben und Käseplatte ...

Schwächen? Ich muss jeden Bissen dreißigmal kauen, um meinen Waschbrettbauch nicht zu gefährden. Daher brauche ich auch so lange hier im Restaurant. ☺

Exfreundinnen? Auch wenn es wahrscheinlich nicht das ist, was du hören willst, so bekommst du doch die ganz ehrliche Antwort: Warum sollte ich mich mit meinen Exfreundinnen noch unterhalten? Warum sollte ich noch Kontakt zu ihnen haben? Wir haben uns getrennt. Es muss ja einen Grund dafür gegeben haben. Ich fände es verlogen zu behaupten, dass wir noch ganz dicke Kumpels seien. Außerdem würde das die Neue auch niemals akzeptieren. Also: null Komma null Kontakt!

Haustiere: Regenwürmer. Hab ein ganzes Terrarium voll. Ich finde, dass diese Tiere so viel Eleganz haben. Die Lumbricidae, wie wir Lateiner sagen, von denen es in Deutschland 3.000 Arten gibt, werden bis zu acht Jahre alt. Im Jahr 2004 wurde der Regenwurm zum »Wirbelllosen Tier des Jahres« erklärt. Und du bekommst da einen Brechreiz? Bin echt geschockt.

Wie sollen wir jemals zusammen glücklich werden, wenn dir an meiner größten Leidenschaft so wenig liegt und du diese fantastischen Tiere so verabscheust ... Außerdem wette ich mit dir, dass Elche täglich, sei es bewusst oder unbewusst, Hunderte von Regenwürmern fressen, weil sie ständig mit ihrer großen Schnauze am Boden rumschnüffeln. Also stell dich nicht so an! Weichei.

Und nun bist du wieder dran.

1) *Dein verrücktester Gedanke heute?*
2) *Welche Frage würdest du mir gern stellen, zierst dich aber noch?*
3) *Wie viel Geld muss ich dir geben, damit du dich nackt in eine Badewanne voller Regenwürmer legst?*

Nachricht 18
Von: Laura
An: mich
Was kann ich tun, damit dieser Elch aus der Anrede verschwindet?

Die verrücktesten Gedanken: Ich werde meinen Bruder ermorden. (Er hat mit meiner besten Freundin geschlafen und verarscht sie jetzt. Wäre es nicht mein Bruder, hätte er es echt verdient!) Ich könnte mich ausschließlich von Salzstangen ernähren. Vielleicht treffe ich mich doch noch mal irgendwann mit diesem komischen Kerl aus dem Zug. Ich töte alle Regenwürmer auf der Welt.

Fragen, die ich mich eigentlich nicht zu fragen traue: Weshalb will der so viel von mir wissen? Was denkt dieser Typ wohl von mir? (Ich würde ihm zu gern in den Kopf schauen können.) Bist du eher Hulk oder Pumuckl?

Und, Halbfremder, hier noch Dinge, die ich mich eigentlich nicht zu sagen traue: Du hast einen Vollschaden! Dein Wikipedia-Regenwurmwissen hat mich nicht überzeugt. Und wenn du tatsächlich lebende Regenwürmer in deiner Wohnung haben solltest oder diese Viecher magst, dann werde ich dir nie, nie, nie, nie, nie wieder schreiben.

Nach dieser Nachricht war ich mir sicher, Laura auf jeden Fall wiederzusehen. Es lief wie am Schnürchen. Eigentlich ist es eh immer das Gleiche mit solchen Facebook-Aufrissen. In Phase eins muss es mir gelingen, mich so interessant zu machen, dass sie auf jeden Fall antwortet. In Phase zwei mime ich den netten Typen und gebe ein paar Schwächen preis, die mich sympathisch erscheinen lassen. Ihr Umfeld wird in Phase drei gescannt und gleichzeitig rausgefunden, was ihre Exfreunde alles falsch gemacht haben – damit ich nicht in dieselben Fettnäpfchen trete. Ab Phase vier wird der Angriff vorbereitet. Und letzten Endes gilt es nur noch – in der fünften und letzten Phase –, ein Treffen auszumachen.

Da Laura von sich aus aber schon andeutete, sich eventuell doch ein Treffen vorstellen zu können, brauchte ich mir darum überhaupt keine Sorgen zu machen. Sie reichte mir ihre Hand, aber noch wollte ich nicht zugreifen. Etwas länger sollte das Spielchen schon noch dauern. Es ist unsouverän und wenig sexy, gleich beim ersten Köder zuzuschnappen. Lieber noch ein wenig drumherum schwimmen. Vielleicht dran knabbern, aber auf keinen Fall runterschlucken. Schließlich soll sie nicht denken, dass ich es nötig habe.

Nachricht 19
Von: mir
An: Laura
Der Elch verschwindet höchstens, wenn ... Nee, er verschwindet gar nicht. Sorry, ich mag den Elch halt. Wieso will ich so viel von dir wissen?

- *Weil sich ein Bekloppter vor den Zug geschmissen hat und wir hier noch Stunden stehen werden.*
- *Weil ich keinen vernünftigen Film auf meinem Rechner habe.*
- *Weil es total viel Spaß macht, mit dir zu mailen.*

Was ich von dir denke? Ich möchte nicht dein Exfreund sein. Ich glaube, dass der Arme es richtig schwer mit dir hatte. Er war halt noch nicht reif genug für eine Frau wie dich. Du bist frech und weißt, wie du auf Männer wirkst. Du spielst gern mit ihnen. Aber unter deiner rauen Schale verbirgt sich ein weicher Kern. Ich glaube, dass es teuer ist, mit dir zusammen zu sein. Mit einem Geburtstagsgeschenk für 50 Euro braucht man gar nicht erst anzukommen. Dafür bekommt man ja nicht mal Burrbery-Socken. Ansonsten: Ich glaube, dass du dich gut verstellen kannst. Du bist nicht mal ansatzweise so reserviert und schüchtern, wie du tust. Ich bin sicher, dass derjenige, der die Laura-Gebrauchsanweisung, die es nur auf Japanisch gibt, entschlüsselt und auswendig gelernt hat, eine tolle Frau bekommt.

Und umgekehrt? Was denkst du von mir? Bist du eher Hulk oder Pumuckl? Sorry, aber du bist völlig bescheuert. Du stellst mir einen grünen cholerischen Muskelberg und ein kleines asexuelles Wesen mit rotem Haar zur Auswahl. Wie heißt es bei Wikipedia so schön über Hulk: »In seiner bekanntesten Verwandlung hat Hulk wenig Intelligenz und Selbstkontrolle und kann enorme Zerstörungen verursachen. Als Ergebnis wird er vom Militär und anderen Superhelden gejagt.« Hulk oder Pumuckl – das ist ja so uncharmant, als wenn ich dich fragen würde: Wer bist du? Entweder Peggy Bundy aus »Eine schrecklich nette Familie« oder Ma Flodder aus der asozialen niederländischen Chaosfamilie. Aber gut, du sollst deine Antwort bekommen. Ich bin kein aufgeblasener Muskelberg, der sich prügelt. Aber ich bin erst recht kein Kobold, der knisterndes Papier und glitzernde Gegenstände liebt. Ich habe keine Abneigung gegen Katzen und Käse. Ich lasse mich auch nicht von Meister Eder zudecken.

Wobei Pumuckl charakterlich besser passen würde. Der macht Streiche, singt, tanzt und am Ende jeder Folge gibt es ein Happy End. Daher doch Pumuckl. Oder besser: Einigen wir uns doch auf lustig, fröhlich und muskulös!

Nachricht 20
Von: Laura
An: mich
Elch an Regenwurm-Idioten. Ich muss kurz auf die Toilette. In der Zeit darfst du gleich mal neue Fragen beantworten. Also:
1) Warum sollte sich eine Frau in dich verlieben?
2) Was würden deine Exfreundinnen über dich sagen, außer »Riesenarschloch«?
3) Mach mir ein Kompliment!

Nachricht 21

Von: mir

An: Laura

2) *Sie waren alle von meinen Augen fasziniert! (Hab zwei verschiedene Augenfarben.) Morgenmuffel. Energiebündel. Der beste Donald-Duck-Imitator, spendabel, aufmerksam, witzig, mal Schwiegermutterliebling, mal Rotzlöffel. Ruf sie an. 0151-6080 … Ach ja: Ich bin ein super Küsser!*
3) *Wieso sollte ich dir ein Kompliment machen? Ich kenne dich doch kaum. Das würde ja heißen, dass ich an dir interessiert wäre … Okay, aber Vorsicht: Gute Komplimente sind wie ein langsam wirkendes süßes Gift. Wenn ich es dir einflöße, bleibt es für viele Jahre in deinem Körper. Dann wirst du dich ewig an diese Zugfahrt erinnern und ich verschwinde nie wieder aus deinem Kopf. Willst du dieses Risiko wirklich eingehen? P.S. Das Internet ist so toll: Hab gerade »gute Komplimente« gegoogelt und wurde von Gloria Beck und ihrer Gebrauchsanweisung für Komplimente gerettet. Nun wieder zu dir!*

- *Wie sähe das perfekte erste Date für dich aus?*
- *Was bedeutet Küssen für dich?*

Ach so: Wieso willst du in Gottes Namen wissen, warum man sich in mich verlieben könnte? Das ist mir ein wenig zu hemmungslos von dir. Ich bin doch schüchtern. Und stell dir mal vor, du würdest dich tatsächlich in mich verlieben. Was dann? Würden wir dann hier im Zug nach einem Pastor suchen, uns trauen und die Hochzeitsnacht in einem Zugabteil verbringen?

Nachricht 22

Von: Laura

An: mich

Du kannst mich doch nicht einfach von den Planungen unserer Hochzeit ausschließen … Die findet natürlich nicht hier im Zug statt! Und ohne Probesex vorher heirate ich dich eh nicht. Man kauft doch auch kein Auto, ohne es vorher mal probegefahren zu haben. Das perfekte erste Date? Geht dich nichts an. Wir werden nicht daten! Küssen: Küssen ist das Größte! Meine goldenen Regeln: Männer, die nicht küssen können, sind raus! Schlechte

Küsser sind das Grauenvollste überhaupt. Es gibt nichts, was abturnender ist, als Männer, die nicht wissen, wie sie ihre Zunge einzusetzen haben!

Nachricht 23
Von: mir
An: Laura
Zum Glück fährt der Zug wieder. Ich meine, wir sind schon bei unkontrollierten Zungen. Wir reden über Knutschen und Probesex. Das geht nicht. Ich bin schüchtern, prüde und verklemmt. Wo soll das noch mit uns hinführen! ☺

Nachricht 24
Von: Laura
An: mich
Schüchtern und prüde? Ich glaub dir kein Wort. Ich glaube, dass das deine Masche ist und du so reihenweise Mädels abschleppst.

Jetzt darf ich nichts falsch machen. Eine plumpe Antwort, ein voreiliger Vorschlag oder das Geständnis, dass sie mich ertappt hat – all das würde meine ganze Vorarbeit zunichte machen. Es ist ihr letzter Test, um zu sehen, ob sie weitergehen kann. Aber sie will sicher sein, dass sie keinem Aufreißer auf den Leim geht.

Nachricht 25
Von: mir
An: Laura
Stimmt. Weil sich ja auch so oft Leute vor den Zug werfen. Das war alles von mir initiiert. Wieso glaubst du mir nicht, dass ich schüchtern und prüde bin?

Nachricht 26
Von: Laura
An: mich
Weil ich dir jetzt jede Frage stellen könnte und du würdest sie beantworten. Stimmt's?

Nachricht 27
Von: mir
An: Laura
Vielleicht.

Nachricht 28
Von: Laura
An: mich
Wo hattest du schon überall Sex?

Volltreffer: Das Gespräch ist soeben in die Zielgerade eingebogen! Manchmal lohnen sich sogar Regenwürmerrecherchen.

Nachricht 29
Von: mir
An: Laura
Heuboden, Leuchtturm, in einer Eisbar. Du?

Nachricht 30
Von: Laura
An: mich
Am Strand, im Wald, auf einem Hochstuhl. (War aber sehr wackelig …)

Nachricht 31
Von: mir
An: Laura
Hochstuhl? Klingt ja sehr bequem – ich hoffe, du hast dir keinen Splitter in deinen Hintern eingerissen. Und weißt du, was ich glaube? Ich glaube, du bist eine ganz schöne Sau!

Nachricht 32
Von: Laura
An: mich
Selber! Du hast es in einer Eisbar getrieben? Wie geht das eigentlich! Das wär mir zu kalt. Hab übrigens noch eine Frage: Was hältst du von One-Night-Stands?

Nachricht 33
Von: mir
An: Laura
Ich wurde mal nach einem One-Night-Stand im Urlaub ausgeraubt. Daher: gar nichts! Bin seitdem etwas traumatisiert. Nur Spaß. Als Single gibt es nichts Besseres als One-Night-Stands. Kein gemeinsames Frühstück, keine Verpflichtungen, Spaß haben und weg. Super. Wenn es eine klare Absprache gibt, bin ich dabei. Aber ich bin nicht mehr auf der Suche nach One-Night-Stands. Ist ja auch anstrengend.
P.S. In einer Eisbar kannst du das Eis zum Schmelzen bringen, wenn du richtig Gas gibst.

Nachricht 34
Von: Laura
An: mich
Wie viele One-Night-Stands hattest du schon?

Nachricht 35
Von: mir
An: Laura
Was glaubst du?
a) weniger als fünf
b) weniger als zehn
c) mehr als zwanzig

Nachricht 36
Von: Laura
An: mich
Warum kannst du nicht einfach die Zahl sagen? So schlimm? Ich schätze: 17.

Nachricht 37
Von: mir
An: Laura
Die Zahl stand nicht zur Auswahl. Aber: nah dran. Du?

Nachricht 38
Von: Laura
An: mich
Du musst raten.

Nachricht 39
Von: mir
An: Laura
17.

Nachricht 40
Von: Laura
An: mich
Warum?

Nachricht 41
Von: mir
An: Laura
Richtig?

Nachricht 42
Von: Laura
An: mich
Sagen wir mal so: Ich bin nicht die Unschuld vom Lande.

Dann fuhren wir in den Bahnhof von Westerland ein. Mein Laptop-Akku hätte es auch nicht mehr lange gemacht. Gerade mal 3 Prozent Restleistung hatte er noch. Ich kaufte eine Apfelschorle, tippte eine weitere Nachricht an Dirk (»Ich nehme einen Moet«) und ging ins Abteil.

»Sie hatten eine Apfelschorle und Kekse bestellt?«

»Vor etwa vier Stunden.«

»Ich bitte, die Verzögerung zu entschuldigen. Die Äpfel mussten noch gepflückt und entsaftet werden.«

Dann schnappte ich mir Lauras Burberry-Taschen und trug sie ihr aus dem Zug. Während sie mit einem an Eleganz und Verführung nicht zu überbietenden Gang, angesichts dessen selbst Jorge Gonzalez, der Catwalk-Trainer von *Germany's Next Topmodel*, garantiert sprachlos gewesen wäre, vor mir herschritt, dachte ich an ihren letzten Satz: »Ich bin nicht die Unschuld vom Lande.« Leider wurde genau in diesem Moment meine Fantasie abrupt unterbrochen.

»Du kannst mir meine Taschen jetzt wiedergeben. Da vorn steht meine Mutter, die mich abholt. Oder erwartest du jetzt etwa, dass du gleich der ganzen Familie vorgestellt wirst, nur weil wir ein bisschen gemailt haben?«

Diese Frau war gut. Sie wusste genau, wie sie mit mir spielen musste. Mal hielt sie mir einen Köder vor die Nase, machte mich mit Sexfragen und der Andeutung, unser Gemaile könne auf einen One-Night-Stand rauslaufen, hungrig. Um mich dann wieder eiskalt in die Schranken zu weisen. So leicht wollte ich Laura aber nicht die Oberhand überlassen.

»Kommt überhaupt nicht infrage. Wie sähe das denn aus, wenn ich dir jetzt hier deine schweren Taschen in die Hand drücke und dann grußlos an deiner Mama vorbeigehe. Das wäre wirklich unhöflich. So einen Fauxpas kann ich mir bei meiner Erziehung wirklich nicht erlauben.«

Ich beschleunigte meinen Schritt, zog an Laura vorbei, erhaschte einen letzten Blick auf ihren Knackarsch und steuerte direkt auf ihre Mutter zu.

»Sie müssen Lauras Mutter sein. Marco – schön, Sie kennenzulernen. Ich hatte gerade das Vergnügen, Ihre Tochter die letzten Stunden zu unterhalten. Verraten Sie mir nur, wo Ihr Auto steht, damit ich diese mit Steinen beladene Tasche in den Kofferraum wuchten kann. Ich kann Ihnen beiden ja nicht zumuten, sich einen Bruch zu heben.«

»Sie sind ja gut erzogen. Vielen Dank. Ich weiß auch nicht, was Laura da immer reinpackt. Sie bleibt doch nur eine Woche.«

Sie schenkte mir ein Lächeln, musterte mich dabei von oben bis unten. Erst dann drehte sie sich ihrer Tochter zu und nahm sie in den Arm.

»Wer ist denn der fesche junge Mann?«, flüsterte sie etwas zu laut. »Nicht jetzt«, zischte Laura zurück.

Zu dritt schlenderten wir die letzten Meter am Gleis entlang und gingen dann Richtung Parkplatz. Mit knappen Worten erzählte ich Lauras Mutter, die sich mittlerweile als Erika vorgestellt hatte, dass ich dienstlich auf Sylt war, morgen einen pickepackevollen Tag und leider nur am Sonntag für ein paar Stunden Freizeit haben würde. Dann hievte ich die Tasche in den schwarzen Range Rover und verabschiedete mich.

»Wenn Sie mal wieder einen Gepäckträger brauchen: Laura weiß, wie sie mich erreicht.«

Ich schüttelte Erikas Hand, küsste Laura links und rechts auf die Wange und ging. Ohne nach ihrer Handynummer zu betteln. Ohne nach einem Date zu fragen. In der Gewissheit, dass Erika diesen Auftritt höchst anständig fand, sie ihre Tochter nach mir ausfragen und es Laura selbst tierisch wurmen würde, dass ich es gewagt hatte, sie so stehen zu lassen. Es dauerte keine zwei Stunden, da schrieb sie mir wieder per Facebook.

Nachricht 43
Von: Laura
An: mich
Es war eine Oberfrechheit, wie du dich bei meiner Mutter eingeschleimt hast. Sie hat mich die ganze Zeit über dich ausgefragt und meinte, ich solle dich unbedingt wiedersehen. Ich zitiere: »Warum suchst du dir nicht mal solche Männer aus? Der würde mir gefallen.« Und wehe du lachst jetzt. Sie wollte sogar, dass ich dich frage, ob du Sonntag nicht zum Frühstück vorbeikommen willst. Was machst du eigentlich heute Abend?

Nachricht 44
Von: mir
An: Laura
Ich sitze gerade bei Gosch, trinke einen Wein und wollte gleich langsam zu Bett gehen. Sollte ja für meine morgige Veranstaltung einigermaßen fit sein. Ziemlich langweilig, oder? Soll ich Brötchen mitbringen?

Nachricht 45
Von: Laura
An: mich
NEIN! Du wirst bestimmt nicht zum Frühstück kommen. Was soll das denn deiner Meinung nach werden?

Nachricht 46
Von: mir
An: Laura
Ehrliche Meinung? Du musst aber auch zugeben, wenn ich recht habe. Du warst anfangs dankbar, dass ich dich im Zug abgelenkt habe. Dann

fandest du es sogar heiß, mit mir zu flirten. Und hätte die Zugfahrt noch länger gedauert, hätten wir die Gardinen vorm Abteil zugezogen und wild geknutscht. Immerhin bist du ja nicht die Unschuld vom Lande. Und jetzt hättest du eigentlich Lust, mich zu sehen. Aber du bist verwirrt, weil mich deine Mama mag.

Nachricht 47
Von: Laura
An: mich
Falsch.

Nachricht 48
Von: mir
An: Laura
Pass auf. Vorschlag: Ich kaufe hier noch eine Flasche Wein. Du bringst eine Decke mit, schwingst dich ins Taxi und wir treffen uns in einer halben Stunde am Parkplatz an der »Buhne 16«. Kennste? Und dieses Mal unterhalten wir uns und mailen nicht bloß stumpfsinnig. Okay?

Nachricht 49
Von: Laura
An: mich
Okay, ich werde aber nichts mit dir anfangen. Schmink dir das ab.

Eine halbe Stunde später sprang Laura aus dem Taxi. Sie hatte ihre Burberry-Tasche dabei.

»Ich habe noch ein paar Weintrauben und Salzstangen mitgebracht«, sagte sie und küsste mich links und rechts auf die Wange. »Es ist total verrückt, was wir hier machen. Ich weiß eigentlich gar nichts von dir.«

»Stimmt nicht. Du kennst mich eigentlich schon unglaublich gut. Ich würde sagen, wir haben durch unsere ganze Mailerei die ersten vier Dates übersprungen.«

»Okay, eigentlich hast du recht. Trotzdem ist es absurd – so habe ich noch nie einen Mann kennengelernt.«

Wir gingen vom Parkplatz Richtung Meer und suchten uns ein nettes Plätzchen zwischen den Dünen.

»Wieso hast du mich einfach nach den verrücktesten Orten gefragt, an denen ich schon Sex hatte?«

»Weil ich nie davon ausgegangen wäre, dass wir uns jemals wiedersehen. Und es ist doch spannend, jemanden über Sex auszufragen.«

»Und wieso sehen wir uns jetzt doch wieder?«

»Weil mir meine Mutter den ganzen Abend von dir vorgeschwärmt hat. Und eigentlich war ich auch ein klein bisschen beeindruckt, wie du mich im Zug um den Finger gewickelt hast.«

»Und jetzt steckst du in der Zwickmühle. Du findest es gerade megaromantisch, bist leicht angetrunken, wüsstest gerne, wie ich küsse, hattest noch nie Sex zwischen den Dünen. Aber du weißt nicht, ob du es vielleicht doch langsamer angehen solltest und ob wir uns vielleicht doch Sonntag zum Frühstück treffen sollen. Richtig?«

»Ich hasse dich. Wieso ...«

Ich ließ Laura nicht ausreden, beugte mich zu ihr rüber, küsste sie und drückte sie sanft in den Sand. Sie gab nach und erwiderte meinen Kuss.

»Ich verspreche dir – egal was hier und heute passiert –, wir frühstücken Sonntag bei deinen Eltern und gucken ganz entspannt, wo das mit uns hinführt. Okay?«

Laura nickte bloß.

Natürlich schliefen wir an dem Abend miteinander. Und wie ich es versprochen hatte, tauchte ich Sonntag pünktlich zum Frühstück bei Lauras Eltern auf. Ich hatte Brötchen gekauft, frische Erdbeeren und eine Flasche Champagner. Der ging ja sowieso auf Kosten von Dirk. Souveräner hätte ich meine Wette ja gar nicht gewinnen können. Zwei Stunden saßen wir auf der Terrasse, guckten aufs Meer und plauderten, als ob wir uns schon seit Jahren kennen würden.

Ihr Vater war ein hohes Tier bei einem Flugunternehmen, saß dort im Vorstand. Geld spielte in diesem Haus keine Rolle. Und irgendwie schienen sie gleich mehr in mir zu sehen als nur einen flüchtigen Bekannten, der nur ein einziges Mal auf ein Frühstück vorbeikam. Und Laura entwickelte sich für mich in der Tat zu einem Glücksfall. Kristina war kurz davor, für ein Jahr nach Australien zu gehen. Sie war mit ihrem Studium so gut wie fertig, wollte ihren Lebenslauf durch einen Auslandsaufenthalt und die Arbeit in einem englischsprachigen Krankenhaus aufpeppen. Natürlich hatte ich nichts dagegen. Ich freute mich sogar auf ein Jahr ohne sie. So konnte ich Fremdvögeln, wann, wo und wie ich wollte. Und Laura schien die perfekte Zwischenlösung zu sein. Unser Dünensex war der absolute Wahnsinn gewesen: Sie war gelenkig und tatsächlich alles andere als die Unschuld vom Lande. Sie war die pure Sünde, das Verdorbenste, was ich seit Langem getroffen hatte. Kurzum: die perfekte Zweitbeziehung für die nächsten Monate. Irgendwie musste es mir jetzt nur gelingen, einen Monat zweigleisig zu fahren, bis Kristina endlich weg war.

Laura und ich telefonierten nahezu jeden Abend, als sie noch eine Woche auf Sylt war. Von dort aus wollte sie direkt zu mir fahren und mich besuchen. Wir malten uns aus, wie wir unser erstes gemeinsames Wochenende in der Hauptstadt verbringen würden, flirteten mit offenem Visier und Laura erzählte mir, wie sehr sie ihren Freundinnen von ihrem neuen Freund vorgeschwärmt hätte.

Laura gab tierisch Gas, nannte mich nach einmal Sex, einem Frühstück und eindeutig zu vielen Facebook-Nachrichten schon »Schatz« und fragte mich sogar, ob ich mir einen gemeinsamen Urlaub vorstellen könne. Weil ich wusste, dass ein Ja mir noch mehr Vertrautheit und somit noch versauteren Sex garantierte, log ich sie an. Natürlich hatte ich nicht vor, mit ihr zu verreisen. Aber was sollte mir wegen dieser kleinen Notlüge schon passieren? Sollte sie doch so viel Gas geben, wie sie wollte. Ich konnte dabei nur gewinnen – dachte ich zumindest.

Unser Treffen am ersten Wochenende musste ich allerdings gleich absagen. Kristina hatte allerlei bürokratischen Mist zu erledigen: ihre Wohnung untervermieten, den Telefonanschluss umstellen und so weiter. Und ich musste ihr natürlich helfen.

Auch eine zweite Verabredung musste ich verschieben, da Kristina für mich immer noch an erster Stelle stand. Sie hätte mir nie verziehen, wenn ich ihr bei den Vorbereitungen für Australien nicht geholfen hätte. Und in meinem Job war es auch gerade superstressig. Die neuen Werbeetats der Firmen waren gerade freigegeben worden. Jetzt musste ich zuschlagen und mir die besten Angebote sichern. Jetzt konnte ich das große Geld verdienen und meine Sportler positionieren. Und wie gesagt: Meinen Job würde ich nie für meine Frauen vernachlässigen. Also musste ich Laura etwas vernachlässigen. Ich konnte nicht mehr jeden Abend mit ihr telefonieren. Bis spät nachts saß ich in Verhandlungen, flog durch die Welt, arbeitete mich durch Verträge und feilte an Erfolgsklauseln. Während Laura mich seit Sylt am liebsten rund um die Uhr bei sich gehabt hätte, tanzte ich auf drei Hochzeiten. Als Kristinas Abschiedsparty dann auch noch auf Lauras Geburtstag fiel, kam es zum Knall.

Eigentlich hatte Laura vorgehabt, mich an ihrem Ehrentag all ihren Freunden vorzustellen. »Die sind schon alle total gespannt auf dich.« Unglücklicherweise hatte ich schon zugesagt, weil ich vergessen hatte, dass genau an diesem Tag auch Kristinas Feier war. Die hatte natürlich Priorität. Denn auch wenn ich Kristina betrog, liebte ich sie ja. Noch immer klammerte ich mich an den Glauben, dass wir irgendwann wieder zusammen richtig glücklich sein würden. Dass wir eine Familie gründen würden. Dass wir all unsere Träume in die Realität umsetzen würden. Ich dachte sogar drüber nach, ob ich ihr auf dem »Kleiderbügel«, wie die Hafenbrücke, das berühmteste Wahrzeichen Sydneys, genannt wird, einen Heiratsantrag machen sollte.

Laura reagierte nicht gerade verständnisvoll. Ich behauptete, am Freitag für drei Tage nach Amerika fliegen zu müssen. Da sei ein Meeting der größten Sportartikelhersteller, zu dem nur ganz Wenige eingeladen würden.

»Bisher hatte ich noch nie die Chance, dabei zu sein. Wer von denen auserwählt wird, gehört zu den Big-Playern im Business«, log ich. »Die laden nur die Besten ein. An den drei Tagen werden Etats vergeben, die mich zu einem reichen Mann machen können. Es tut mir unendlich leid. Aber ich muss dahin.«

Laura legte einfach auf. Wortlos, ohne jegliche Verabschiedung. Sie brüllte nicht, sie weinte nicht. Kaum hatte sie die Bedeutung meiner Worte verstanden, war das Gespräch zu Ende. Ich rief sie erneut an. Und hatte ihre Mailbox am Apparat. Auch auf dem Festnetz ging sie nicht ran. Sie drückte mich weg und gab mir unmissverständlich zu verstehen, dass es jetzt keinen Sinn machen würde, mit ihr sprechen zu wollen.

Doch diese Stimmung währte nicht lange. Während ich joggen war, sprach, oder besser gesagt: schrie Laura auf meine Mailbox.

Anruf 1, 18:23 Uhr
Von: Laura
Bei: mir
Du Arschloch. Du bist so ein mieses Arschloch. Du Wichser. Beeindruckst mich hier mit deinen ganzen E-Mails, deinen tollen Versprechen und großen Worten. Und kaum durftest du einmal ran, schon lässt du mich fallen. Gib es doch zu: Du wolltest bloß ficken. Das hast du ja geschafft. Ich hasse dich. Ich verabscheue dich. Hoffentlich stürzt du ab.

Anruf 2, 18:40 Uhr
Von: Laura
Bei: mir
Der feine Herr muss nicht zurückrufen, oder wie? Du bist so ein blödes Schwein. Was sollte das auf Sylt? Wolltest du nur mal einen wegstecken,

oder was? Dann hast du doch bekommen, was du wolltest. Du durftest ran, dann lass mich doch jetzt endlich fallen und halte mich nicht mit der Illusion hin, dass wir eine Chance haben. Ich habe mich nämlich in dich verliebt und glaube an uns. Oder besser: habe an uns geglaubt. Ich wollte Liebe, du wolltest ficken. Wie blöd ich doch bin. Oder wie soll ich das alles verstehen? Warum haben wir noch Kontakt? Was willst du von mir? Wieso verarschst du mich? Waren deine ganzen Mails und SMS überhaupt ehrlich gemeint? Erst willst du mich treffen, versprichst mir ein grandioses Wochenende in Berlin. Und jetzt behandelst du mich wie Luft. Das ist unfair. Momentan wuselst du die ganze Zeit durch meinen Kopf und das gefällt mir überhaupt nicht. Du bist wie ein kleines Männchen, das mir permanent im Kopf herumgeht. Das ist so unfair. Und wie hast du das überhaupt gemacht? Sag doch einfach, was los ist. Willst du unseren Kontakt noch? Oder bin ich für dich gestorben? Ich will eine klare Ansage. Aber behandle mich nicht so.

Anruf 3, 19:04 Uhr
Von: Laura
Bei: mir
Sorry, es tut mir so leid. Vergiss, was ich gerade gesagt habe. Das war doch gar nicht so gemeint. Ich war einfach nur enttäuscht. Ich wollte dich allen vorstellen. Und jetzt bist du an meinem Geburtstag nicht da. Das ist schade. Ich weiß, dass du ja nichts für deine Reisen kannst. Ich will ja auch verstehen, dass du nicht immer Zeit für mich haben kannst. Aber es fällt mir so schwer. Mein Ex hat in der gleichen Stadt gewohnt wie ich. Wir konnten uns immer sehen. Ich will nicht, dass dein Flugzeug abstürzt. Komm bitte, bitte gesund wieder. Ich bin so eine dumme Kuh. Verzeihst du mir bitte? Ich will nur eins: Lass uns zusammen sein. Lass uns versuchen, eine glückliche Beziehung zu haben. Ich will, dass du mein Freund bist. Es tut mir alles so leid. Das Einzige, worum ich dich bitte, ist eine Entscheidung: Willst du mit der dümmsten Kuh der Welt zusammen sein oder nicht? Ich möchte es wissen. Diese Ungewissheit macht mich fertig. Vergiss meinen ersten Anruf. Du darfst mich auch weiter Emanzen-Elch nennen.

Ich ignorierte die Nachrichten. Zweimal hörte ich mir Lauras Beschimpfungen und Unterstellungen an. Dann beschloss ich, dass sie doch nicht diejenige war, mit der ich meine Strohwitwerzeit überbrücken wollte. Laura war anstrengend, launisch, dominant. Ich wollte ihr nicht verzeihen. Auf eine Frau, die so durchdreht, wenn etwas nicht nach ihrer Nase geht, hatte ich keine Lust. Das wäre ja, als ob ich Kristina durch eine Kopie ihrer selbst eintauschte. Dann hätte ich Kristina in Australien *und* in Deutschland. Mein Job war stressig, Kristinas Psychoeltern waren schon schlimm genug. Neben Familie Professor Doktor Gott brauchte ich definitiv keinen weiteren durchgedrehten Menschen in meinem Leben. Und so hübsch, heiß, sexy und leidenschaftlich Laura auch war – Germany's-Next Psycho-Queen brauchte ich wirklich nicht. Ich wollte etwas Unkompliziertes, keine zweite Zicke, die mir das Leben schwer machte. Weil ich keine Lust hatte, mich am Telefon mit ihr auseinanderzusetzen, schrieb ich eine letzte E-Mail. Die verlogenste Mail aller Zeiten.

Nachricht 50
Von: mir
An: Laura
Ich bin kein Arschloch, kein Wichser, kein mieses Schwein. Und ich bin entsetzt, dass du dir wünschst, dass mein Flugzeug abstürzt. Hast du sie eigentlich noch alle? Ich habe es dir nicht erzählt, es geht dich auch nichts an, aber mein Vater ist vor ein paar Jahren bei einem Unfall ums Leben gekommen. Allein deshalb reagiere ich auf solche dummen Sprüche mehr als allergisch. Ich will jetzt aber auch keine Entschuldigung von dir hören. Ich will gar nichts mehr von dir hören. Man kann ja enttäuscht sein, wenn etwas nicht so funktioniert, wie man es sich vorstellt. Aber von einem erwachsenen Menschen sollte man doch schon ein wenig mehr Verstand erwarten können.

Was soll ich dir sagen? Nein, ich wollte dich nicht bloß mal schnell ficken. Warum hätte ich mich dann überhaupt noch einmal bei dir melden sollen! Dann wäre ich ja längst am Ziel gewesen und hätte nie mit dir Berlinpläne geschmiedet. Dann wäre jede weitere Mail an dich Zeitverschwendung gewesen. Ich wollte dich wirklich wiedersehen. Aber wahrscheinlich habe ich es mir zu einfach vorgestellt, eine Fernbeziehung mit dir zu führen.

Ich mache es mir jetzt einfach: Ich will nicht mehr. Ich habe wahrscheinlich einen anderen Anspruch an eine Beziehung. Mir würde es reichen, dich nur am Wochenende zu sehen. Dir nicht. Du hast mit deinem Exfreund schon zusammengewohnt. Ich kenne das nicht.

Sylt war toll, du bist eine besondere Frau. Kompatibel sind wir beide nicht, um es mal ganz technisch auszudrücken.

Ich will dir überhaupt keine Vorwürfe machen, dazu habe ich nicht das Recht. Außerdem finde ich gegenseitige Schuldzuweisungen blöd. Ich befürchte einfach, dass ich deinen Ansprüchen nicht genüge. Du bist eine besondere Frau, die einen besonderen Mann verdient. Der bin ich nicht. Ich bin niemand, der alles in die Beziehung investiert. Dreimal habe ich dir schon abgesagt. Es werden weitere Absagen hinzukommen. Und dann habe ich echt Angst vor deiner Reaktion. Sie war jetzt schon heftig. Ehrlich gesagt fand ich sie sogar unfair. Und es hat mich wirklich ziemlich schockiert, dass du dir gewünscht hast, dass mein Flugzeug abstürzt. Das würde ich niemals sagen, egal wie sehr ich mich ärgere. Daher will ich dir diesen Ärger in Zukunft ersparen.

Es gibt keine Zukunft für uns. Auch wenn ich es mir eigentlich gewünscht hätte. Du warst nie eine einmalige Nummer.

Mach's gut.

Es war die erbärmlichste Mail, die ich jemals einem Menschen geschrieben hatte. Aber ich wollte, dass mich Laura in Ruhe ließ. Sie sollte sich mit der Mail zufriedengeben und nicht weiter um uns kämpfen. Wäre sie unkompliziert gewesen, hätten wir uns gern weiter vergnügen können. Aber so nicht. Ich schaltete mein B-Handy aus. Ich hatte keine Lust auf weitere Erklärungsversuche. Ich hatte ihr eine – wie ich fand – nette Mail geschrieben, in der ich alle Schuld auf mich nahm, in der ich mich zum Beziehungsdeppen erklärte und ihr klipp und klar zu verstehen gab, dass es vorbei sei. Eine Freundin, die ich wegen ihrer persönlichen Probleme ständig aufbauen muss, ein 80-Stunden-Job und eine Psycho-Affäre – das konnte nicht gutgehen. Das war definitiv zu viel.

Nachricht 51
Von: Laura
An: mich
Es tut mir wahnsinnig leid mit deinem Vater. Das konnte ich nicht ahnen. Ich weiß, dass es schrecklich war, dir einen Absturz zu wünschen. Ich habe mich aber wie ein kleines Kind gefühlt, dem man Weihnachten kaputt macht. Seit Monaten freut es sich auf den Tannenbaum, die Kerzen, knisterndes Papier und tolle Geschenke – und dann steht da ein Kaktus und es gibt Tiefkühlpizza und kein Geschenk. Okay, ein schlechtes Bild. Aber anders kann ich dir nicht erklären, wie es sich angefühlt hat. Kennst du »Pretty Woman«? Stell dir vor, Richard Gere wäre am Ende nicht die Leiter zu Julia Roberts hochgeklettert. Es hätte ihr das Herz zerrissen. Ich war wie ein enttäuschtes Kind. Dann sagt man Sachen, die unfair und gemein sind.

Ich entschuldige mich aufrichtig bei dir. In aller Form. Aber hab bitte ein ganz kleines bisschen Verständnis für meine Reaktion. Ansonsten bleibt mir nicht viel zu sagen: Du willst keinen Kontakt mehr. Du ziehst dich zurück, ich habe es verbockt. Ich finde es schade und falsch. Und ich weiß, dass du der Mann bist, der meine Ansprüche erfüllt. Ich bin sicher, dass wir gut zusammenpassen würden. Aber wofür soll ich noch kämpfen? Du willst es nicht. Das ist unheimlich schade. Ich finde es gemein, dass du einen einzigen Fehler so knallhart bestrafst. Hast du nie etwas falsch gemacht? Hast du nie überreagiert? Warst du nie emotional? Du kannst mir doch nicht sagen, dass du ein emotionales Ekel bist: kalt und herzlos. Das bist du nicht. Aber du hast dich so entschieden. Das trifft mich. Aber ich muss es akzeptieren.

Mach es gut.

Laura.

Das war es also. Ein E-Mail-Roman, Hunderte SMS, lange Telefonate – und alles für einmal Sex. Fast eine Woche herrschte Funkstille. Dann schrieb Laura erneut.

Nachricht 52
Von: Laura
An: mich
Ich hab gerade meine Handyrechnung vom letzten Monat bekommen. Du hast mich in den finanziellen Ruin getrieben.

Nachricht 53
Von: Laura
An: mich
Ich will doch um dich kämpfen. Es ist doch falsch, seine große Liebe einfach so aufzugeben. Mein Herz blutet eh schon, es tut unheimlich weh. Aber selbst wenn du auch auf diese Mail nicht reagierst, würde ich es überleben. Wenigstens habe ich es versucht.

Ich war gerade bei Freunden. Die haben ein total kitschiges Foto in Postergröße an ihrer Wohnungstür hängen. Darauf sitzen die beiden Händchen haltend an einem See und strahlen einander verliebt an. Darunter steht: »Willkommen bei Anna und Steffen.« Das ist einfach nur kitschig. Am liebsten hätte ich es von der Tür gerissen, weil ich momentan keine glücklichen Paare sehen kann. Aber eigentlich ist es doch so schön. Die beiden sind verliebt und zeigen es jedem.

Ich will das auch haben.

Sie haben die ganze Wohnung voll von gemeinsamen Erinnerungen. Und ihre Zahnbürsten stehen in einem Becher. Ich will auch ein großes Bild von uns an der Tür hängen haben. Ich will ein Foto von dir im Portemonnaie. Ich will, dass deine Zahnbürste in meinem Becher steht.

Los, triff mich. Du bist in meinem Kopf drin und ich werde dich einfach nicht mehr los. Ich akzeptiere Absagen. Und verzeih mir endlich, dass ich so doof zu dir war. Und versprich mir, mich niemals auf diese Mail anzusprechen. Ich bin betrunken.

Nachricht 54

Von: Laura

An: mich

Ich nehme alles zurück. Das stimmt alles gar nicht. Meine Finger haben getippt, ohne meinen Kopf zu fragen. Hilfe!

Ich habe bei all meinen Abenteuern weder Kosten noch Mühen gescheut, aber die Geschichte mit Laura hatte eine ganz andere Dimension. Ich würde sie nicht so einfach vergessen können wie meine Balleroberung oder die sexsüchtige Französin in London. Von denen wusste ich nichts. Sie waren kurz in mein Leben eingetaucht, hatten mich aber nie richtig interessiert. Ihre Ängste, ihre Träume und ihre Sehnsüchte kannte ich nicht. Von Laura aber kannte ich das halbe Leben. Es tat mir leid, dass es so endete. Ich fühlte mich diesmal wirklich etwas schlecht. Aber Laura war weg. Endgültig raus aus meinem Leben. Erledigt. Tschüss.

Und auch Kristina war kurz vor dem Abflug. Ich hatte ihr ein Fotobuch gebastelt, in dem unsere schönsten gemeinsamen Erlebnisse festgehalten waren. Bilder beim Picknick. Wir beide auf einer Wiese. Wir auf einer Parkbank. Sie auf meinem Schoß. Unsere Füße, wie sie unter der Bettdecke hervorschauten. Ich beim Versuch, einen Koi aus dem heiligen Tümpel von Professor Doktor Gott zu klauen. (Er war nicht da und ich betrunken.) Und viele andere Bilder. Ich wollte, dass sie auch am anderen Ende der Welt etwas von uns bei sich hatte.

»Das ist total süß. Danke, Schatz. Aber mein Koffer ist auch so schon total voll. Das kriege ich nicht mehr mit.«

Ihre Abschiedsparty lag bereits hinter uns. An einem Montagabend sollte ihr Flieger nach Australien gehen. Ich hatte mir freigenommen, weil ich Kristina zum Flughafen bringen wollte. So hatten wir es auch besprochen: eine letzte gemeinsame Übernachtung, direkt gegenüber vom Flughafen im Hotel Sheraton. Abschiedssex, ein letztes gemeinsames Frühstück. Und dann würde ich meine Süße vor ihrer großen Reise verabschieden. Alles war gebucht. Sogar mein Rückflug von Frankfurt nach Berlin, damit ich Dienstag pünktlich im Büro erscheinen konnte.

Doch wieder einmal machte uns Professor Doktor Gott einen Strich durch die Rechnung.

»Es tut mir so leid. Meine Eltern bestehen darauf, mich zum Flughafen zu bringen. Das musst du auch irgendwie verstehen. Es sind schließlich meine Eltern. Die sehen mich jetzt ein Jahr lang nicht. Irgendwie ist es doch auch süß, dass sie mich unbedingt zum Flughafen bringen wollen. Sie kommen heute Abend extra aus München hochgefahren und holen mich ab. Kannst du nicht noch deinen Flug und das Zimmer stornieren?«

Einen Tag vorher war das natürlich nicht mehr möglich. Vor allem hatte ich Kristina bereits lange vor unserer Buchung gefragt, ob ihre Eltern nicht darauf bestehen würden, sie zu verabschieden. Da hieß es noch, dass die Blumens keine Zeit hätten. Und jetzt das. 166 Euro kostete eine Übernachtung. Weil Kristinas Flug erst am Abend ging, hatte ich das Zimmer sogar für zwei Nächte reserviert. So hätten wir noch den ganzen Tag das Zimmer nutzen und in die Sauna und den Fitnessraum gehen können. Frühstück kostete noch einmal 18 Euro pro Person. Und mein Flug 208 Euro. Also 500 Euro für nichts.

»Dann verabschieden wir dich halt zusammen. Dein Dad muss ja wohl verstehen, dass ich mich von meiner Freundin verabschieden möchte, wenn sie ein Jahr weggeht.«

»Du weißt doch, dass er dich niemals akzeptieren wird.«

»Das ist mir egal. Er wird doch einmal für eine Stunde am Flughafen seinen Hass unterdrücken können. Er kann mich ja gern wieder offenkundig verachten, sobald du durch den Sicherheitsscheck bist. Aber verstehst du nicht, dass ich dabei sein will, wenn du zu deinem größten Abenteuer aufbrichst? Du bist ein Jahr weg. Da verabschiedet man sich doch nicht hier in deiner Küche und das war es dann.«

»Bitte. Ich habe echt keine Lust, dass es wieder knallt. Ich verstehe doch, wie doof das für dich ist. Ich liebe dich. Aber es sind meine Eltern.«

Damit war das Thema für sie durch. Professor Doktor Gott hatte gewonnen, mein Geld war futsch und ich der Depp. Außerdem musste ich aus Kristinas Wohnung verschwinden, da sich ja die Blumens angekündigt hatten, um ihre Tochter persönlich abzuholen und nach Frankfurt zum Flughafen zu fahren.

Ich war sauer. Richtig angepisst. Meine Freundin warf mich einen Tag vor ihrer großen Reise aus ihrer Wohnung. Alle Pläne wurden einfach so über den Haufen geworfen: ein weiterer Höhepunkt auf meiner geheimen Liste der Demütigungen von Professor Doktor Tyrannen-Gott. Wieder einmal hatte ich eine Entscheidung zu akzeptieren. Kristina unterwarf sich vollkommen dem Willen ihrer Eltern, sie ließ sich einfach alles gefallen. Wie es mir dabei ging, interessierte niemanden. Aber anstatt zu schmollen, fuhr ich trotzdem nach Frankfurt, übernachtete allein im Doppelzimmer, frühstückte für 18 Euro und setzte mich danach am Flughafen auf die Besucherterrasse. Dann wählte ich Kristinas Nummer.

»Süße. Sag deinen Eltern, dass du kurz zur Toilette gehst und komm dann auf die Besucherterrasse. Ich bin hier!«

»Was? Das geht nicht. Ich kann hier nicht weg. Außerdem war ich gerade erst auf der Toilette.«

»Bitte. Fünf Minuten. Ich bin extra nach Frankfurt gefahren, um dich noch einmal zu sehen.«

Ich hatte mich so auf ihr Gesicht gefreut. Der letzte Kuss sollte nicht im Halbstreit in ihrer WG gewesen sein. Ich wollte ihr beweisen, wie sehr ich sie liebte. Deshalb reichten mir fünf Minuten. Noch einmal Kristina in den Arm nehmen. Sie noch einmal riechen. Ihr Haar auf meiner Haut spüren. Sie schmecken. Ihr Lächeln sehen.

Doch statt einer überraschten und freudestrahlenden Freundin stapfte mir eine verärgerte Kristina entgegen.

»Was soll das? Wenn die dich hier sehen! Ich muss gleich wieder zurück. Das glauben die mir doch nie, dass ich schon wieder auf Toilette bin.«

Wow, was für eine Begrüßung. Das war der Dank. Fassungslos überreichte ich Kristina eine Tüte. *Gala*, *Bunte*, *Stern*, *Spiegel*, *Intouch*, *Brigitte*, *Petra*, *Amica*, *Freundin*. Dazu ein Buch, *Frühstück mit Kängurus: Australische Abenteuer*, und ich hatte ihr eine Playlist auf meinem iPod zusammengestellt und Hörbücher draufgeladen.

»Damit es dir auf dem Flug nicht langweilig wird. 24 Stunden können lang sein. Ich hoffe, du denkst ein bisschen an mich. Pass auf dich auf, Süße. Ich liebe dich sehr.«

»Und was sag ich jetzt meinen Eltern, woher ich den ganzen Kram habe?«

Kein »Danke, mein Schatz!«, kein »Ich liebe dich auch!«, kein »Du fehlst mir jetzt schon!«. Nicht einmal: »Wie süß, dass du doch gekommen bist.« Statt sich zu freuen, machte sich Kristina Gedanken, wie sie ihren Eltern die Geschenke erklären sollte.

»Ich muss jetzt los. Die warten schon.«

Dann verschwand sie.

Sie hatte nicht nur das Fotobuch nicht mitgenommen und mich gegen ihre Eltern als Verabschiedungskomitee ausgetauscht. Nein, nun waren auch noch meine Geschenke vollkommen fehl am Platz. Ich hätte echt heulen können. Wieso ließ ich mir das überhaupt gefallen? Diese Frau hatte meine Eier in der Hand und machte damit, was sie wollte: umdrehen, langziehen, reinbeißen. Und ich lächelte sie trotzdem noch an.

Das Klingeln meines Handys riss mich aus meinen Gedanken. »Hey, Sohn. Ich wollte Kristina noch verabschieden. Aber sie geht nicht ans Handy dran. Reich uns doch mal eben weiter.«

»Das geht nicht. Sie ist vor zwei Minuten durch den Sicherheitscheck gegangen«, log ich meine Mutter an. »Und ihr deutsches Handy nimmt sie gar nicht mit. Das liegt bei ihr zu Hause.«

»Ich dachte, sie fliegt erst um 21:10 Uhr. Da ist sie jetzt schon am Gate?«

»Tja, sie ist halt extrem aufgeregt. Und das Boarding ist auch eineinhalb Stunden früher bei solchen Langstreckenflügen.«

Ich war wirklich sauer. Und ohne Ende enttäuscht. Kristina hatte sich kein bisschen über meine Überraschung gefreut. Wahrscheinlich wäre es sogar besser gewesen, wenn ich gar nicht in Frankfurt aufgetaucht wäre. Wieso nur war für sie alles, was ich tat, so selbstverständlich? Wieso behandelte sie mich wie ein Stück Dreck? Sie rief mich nicht einmal an, nachdem sie durch den Sicherheitscheck gegangen war. Und dafür hatte ich Laura abgeschossen? Warum hatte ich mich noch mal dagegen entschieden, mich ein ganzes Jahr mit dieser tollen Frau zu vergnügen? Vielleicht hätte ich ja erkannt, dass sie mir guttut, dass sie die bessere Freundin ist als Kristina. Wenn man mal ganz ehrlich war, stritten Kristina und ich uns immerhin seit fast eineinhalb Jahren. Sie war immer angespannt. Von der Frau, in die ich mich mal unsterblich verliebt hatte, war kaum noch etwas zu erkennen.

Während des gesamten Fluges zurück nach Berlin war ich in Gedanken versunken. Wieder einmal stellte ich mir vor, wie ich Professor Doktor Gott in seinem beschissenen Gartenteich ertränke. Wie ich ihm ordentlich auf die Schnauze haue und mich für alle Demütigungen räche. Wie ich Kristina einfach ins Gesicht sage: »Ich vögel übrigens alles, was nicht bei drei auf den Bäumen ist.« Ich dachte darüber nach, mein Flugticket nach Australien zu stornieren. Warum sollte ich in einem halben Jahr wieder ein Vermögen für diese Frau ausgeben? Warum sollte ich vier Wochen meines Jahresurlaubs mit ihr verbringen, wenn sie mich offensichtlich sowieso nicht bei sich haben wollte? Je länger der Flug dauerte, desto klarer wurde mir, dass ich Laura zurückhaben wollte. Zumindest für ein weiteres Mal Rachesex.

Noch am gleichen Abend bestellte ich ihr bei Fleurop fünfzig rote Rosen. Langstielige. Diese Frau konnte ich an- und ausschalten, wie ich wollte, da war ich mir sicher. Also drückte ich wieder aufs Gefühlsgas und holte sie mir zurück.

Auf die Grußkarte ließ ich schreiben: »Mir ist klargeworden, was ich will. Dich. Zur Not schicke ich dir die nächsten drei Jahre täglich rote Rosen. Ich will diese Chance. Richtig. Liebe ist komisch. Liebe ist kompliziert. Ich weiß jetzt aber, was ich will. Lass uns ein Bild von uns machen und vor deine Wohnungstür hängen. Ich will meine Zahnbürste in deinen Becher stellen. Ich liebe dich!«

Ohne Reue schrieb ich die drei schönsten Worte der Welt. Worte, die man nur sagen sollte, wenn man es wirklich so meint. Die besonders sind und niemals inflationär gebraucht werden sollten. Aber ich wusste: Ich muss sie Laura sagen, um schnell wieder mit ihr ins Bett steigen zu können.

Nachricht 55
Von: Laura
An: mich
Ich soll dir von meiner Zahnbürste ausrichten, dass deine Zahnbürste einziehen darf. Im Ernst. Ich hatte solche Angst. Ich wusste nicht, wie du reagieren würdest. Und jetzt sitze ich hier zwischen all diesen Blumen. Lass uns den Reset-Knopf drücken und noch mal von vorn anfangen. Kuss.

Von da an waren Laura und ich ein Paar. Nach einer Woche stellte sie mir ihre beste Freundin vor. Nach einem Monat überreichte sie mir ihren Haustürschlüssel. Wir gingen essen, zusammen ins Fitnessstudio, fuhren an die Ostsee und flogen nach Paris. Und vögelten, was das Zeug hielt. Wir verbrachten ganze Tage bei ihr im Bett. Es war einfach nur herrlich.

Mit Kristina telefonierte ich sporadisch. Mal schickte ich ihr eine E-Mail, mal eine SMS. Ich erledigte mein Pflichtprogramm, wie es sich für jeden zu Hause zurückgelassenen Freund gehörte. Nicht mehr und nicht weniger. Ohnehin fand ich, dass sie nun am

Zug war. Ich hatte mir Mühe gegeben, ihr Geschenke gemacht. Nun war sie dran.

Doch es kam nichts. Und mit Laura stand ich dann überraschenderweise doch vor einem kleinen Dilemma: Sie drängte darauf, meine Mutter kennenzulernen. Bei ihr zu Hause gingen wir schließlich ein und aus. Wir grillten mit ihren Eltern, gingen mit ihnen essen, tranken den halben Weinkeller leer. So rum war es auch kein Problem für mich. Ob ich nur sie oder auch ihre ganze Familie nach Strich und Faden anlog, war mir ziemlich gleich. Sollten sie doch alle denken, dass das mit Laura und mir was Ernstes war. Irgendwann würde ich Schluss machen und sie alle nie wieder sehen. Kein Problem. Nur meine Mutter musste ich da natürlich raushalten. Sie ist bei all meinen Spielchen tabu. Schließlich denkt sie, dass ich eine stinknormale Beziehung führe und einfach glücklich mit Kristina bin. Sie fragt sogar schon, wann wir heiraten und wann sie sich auf Enkel freuen darf. Von meinem fragwürdigen Doppelleben ahnt sie nicht das Geringste. Niemals würde ich riskieren, dass meine Mutter vom B-Marco mit dem B-Handy erfährt.

Also rettete ich mich ein ums andere Mal mit Ausreden: Meine Mutter sei gerade im Urlaub, es gäbe zurzeit keine günstigen Flüge nach München oder es sei sonst etwas kurzfristig dazwischengekommen.

»Aber du lernst sie bestimmt bald kennen. Meine Mutter fragt auch schon ständig nach dir«, log ich Laura an.

Doch dann, noch ehe mir die Ausreden ausgingen, sollte sich sowieso alles ändern.

Kristina schickte mir einen Brief aus Australien. Es waren fünf Seiten, herausgerissen aus einer Frauenzeitschrift. »Was in der Liebe zählt« lautete die Überschrift des Artikels. Und darunter stand: »Vom ersten Verknalltsein bis zum gemeinsamen Älterwerden – Zwölf Phasen hat jede Beziehung. Und jede davon hat ihre Tücken. Hier eine kleine Gebrauchsanweisung für die Stürme und Flauten der Gefühle.«

Daneben hatte Kristina Folgendes geschrieben: *Hi, mein Süßer. Ich fand den Artikel einfach nur genial, weil da so viele Dinge drinstehen, die total stimmen. Viel Spaß beim Lesen.*

Mit einem lila Textmarker hatte sie den Artikel regelrecht durchgearbeitet und zu jeder Beziehungsphase Kommentare an der Seite vermerkt.

Es waren ihre Assoziationen und kleine Erinnerungsfragmente dazu, wie sie sich in diesen einzelnen Phasen unserer Beziehung gefühlt hat:

»Phase 1, Verknallt« – Kristinas Kommentar: *Bist schon süß: deine blonden, zerzausten Haare, deine zwei verschiedenen Augenfarben. Jaha, hab ich's doch gewusst, du bist ein Chamäleon! Und mein Traummann. Und wirst es für immer bleiben.*

»Phase 2, Dating« – Kristinas Kommentar: *Wie sagtest du so schön nach unserem achten Date: »Willst du jetzt mit mir zusammen sein oder muss ich dir erst kräftig in den Hintern treten, damit du dich traust?«*

»Phase 3, Das erste Mal« – Kristinas Kommentar: *Weißt du noch? Es war so kalt in deinem Zimmer. Deine Eltern waren nebenan. Ich habe am ganzen Körper gezittert – vor Kälte und aus Angst, dass sie uns hören könnten. Unentspannter ging es nicht mehr. So schlechter Sex …*

»Phase 4, Miteinander gehen« – Kristinas Kommentar: *Das Shirt, das ich mir von dir geliehen habe, wirst du nie wiedersehen. Ohne das kann ich nicht mehr einschlafen. Ich habe es selbst hier in Australien an. Mit ihm bist du mir so viel näher. Das macht die Sehnsucht nach dir zwar noch größer, aber es gibt mir gleichzeitig auch das Gefühl deiner Nähe. Du bist dann irgendwie nicht mehr ganz so weit weg … Sei ehrlich, ich habe deinen Kleiderschrank* *so was von aufgewertet. Davor waren da echt katastrophale Modesünden drin versteckt.*

»Phase 5, Etwas Festes« – Kristinas Kommentar: *Heute ist mir klar, wie wichtig es ist, den anderen nicht im Unklaren über die eigenen Gefühle zu lassen. Die Überlegung, Schluss zu machen, hat es bei uns ja auch mal gegeben. Weißt du noch: dieses eine Mal Weihnachten? Du hattest meine ganzen Geschenke hinten im Auto liegen. Da hatte ich so eine verdammte Angst. Doch es wäre so verkehrt gewesen, einfach alles hinzuschmeißen. Wir gehören zusammen. Lass uns alle Zweifel, die es vielleicht mal gegeben hat, vergessen. Ich hätte es dir vielleicht häufiger sagen sollen: Ich liebe dich über alles. Ich liebe dich, ich liebe dich …*

»Phase 6, Zweifel« – Kristinas Kommentar: *Ich vertraue dir zu 100 Prozent. Es ist schön zu wissen, dass wir nicht gleich nach jedem Streit die ganze Beziehung infrage stellen. Du bist der Mann meiner Träume. Manchmal redest du zu viel. Dein Filmgeschmack ist grauenvoll. Ich hasse es, dass du so viel unterwegs bist. Und dass dich diese komische Stabhochspringerin so oft anruft. Auch wenn du sie vermarktest, ich glaube einfach, dass sie was von dir will und es ihr scheißegal ist, dass wir zusammen sind. Aber egal: Ich liebe dich trotzdem. Doch, wirklich. Du bist mein Mann fürs Leben.*

Hier musste ich ein wenig schmunzeln. Die Hochspringerin ist eine Lesbe. Von all den Frauen, die ich kenne, machte es am wenigsten Sinn, gerade auf sie eifersüchtig zu sein.

»Phase 7, Ich will« – Kristinas Kommentar: *Unsere Lebensentwürfe passen schon gut zusammen. Jetzt musst du nur noch doppelt so viel verdienen, dann passen sie perfekt. Ich weiß, dass dich dieser Satz jetzt ärgert. War nur Spaß.*

»Phase 8, Langeweile« – Kristinas Kommentar: *Ich frage mich ständig, was du an mir sooooo toll findest, dass du immer noch mit mir zusammen bist. Warum du es trotz meiner Macken mit mir aushältst. Danke für deine »Übermenschlichkeit«.*

Die nächste Phase erregte ganz besonders meine Aufmerksamkeit, man hätte sie schließlich als Motto für die letzten Jahre unserer Beziehung nehmen können:

»Phase 9, Versuchung« – Hierzu stand in dem Artikel: *Es lässt sich nicht leugnen. Der Sex war schon mal aufregender. Genauer gesagt: nicht der Sex, sondern seine Begleiterscheinungen. Was fehlt, sind nicht die Orgasmen, sondern das Herzpuckern, das Kribbeln, die Gefühlsstürme aus Verlegensein und Euphorie. Die bittere Wahrheit ist: Es lässt sich nicht viel ausrichten dagegen, schon gar nicht mit Dessous, Tantra, Rollenspielen und all den anderen Tricks, die einem von den einschlägigen Ratgebern wohlmeinend empfohlen werden. Man durchschaut sie, weil man ja ganz genau weiß, dass man sie gar nicht nötig hätte, wenn man einander nicht schon in- und auswendig kennen würde. Und dann beginnt sie zu nagen, die verräterische Frage: Will man wirklich bis ans Ende seines Lebens nie wieder mit jemand anderem schlafen? Will man wirklich nicht wissen, wie viel man da draußen auf dem Markt noch wert wäre? Will man nie wieder Geheimnisse haben? Wie immer man diese Frage beantwortet, man sollte bei seinen Entscheidungen fair bleiben. Natürlich kommen One-Night-Stands, Seitensprünge, Affären auch in den besten Beziehungen vor, aber man sollte nicht dem anderen dafür die Schuld geben. Man selbst ist es, der fremdgeht, und falls man es tut, sollte man dem anderen Grausamkeiten ersparen: keine Vorwürfe, keine Taktlosigkeiten, keine Vergleiche …*

Kristinas Kommentar: *Man sollte sich einfach dagegen entscheiden.*

Ich fragte mich, ob es etwas geändert hätte, wenn Kristina mir diesen Brief schon vor Jahren geschickt hätte. Vielleicht hätte ich mich dann auch »dagegen entschieden«.

Zu »Phase 10, Krisen« hatte Kristina keinen Kommentar geschrieben. Das amüsierte mich. Zum Glück musste ich den Artikel nicht kommentieren, schoss es mir durch den Kopf. Sonst hätte ich an dieser Stelle ein ganzes Krisenmanagement-Konzept für den Umgang mit anstrengenden Freundinnen platzieren müssen.

»Phase 11, Rituale« – Kristinas Kommentar: *Du gibst mir diese Sicherheit, greifst immer meine Hand, sobald wir vor die Tür gehen. Du erträgst meine Serien und guckst sogar Frauenfilme mit mir. Wir sind ein schönes Paar, finde ich. Nicht bloß irgendwelche Leute.*

»Phase 12, Für immer« – Kristinas Kommentar: *Jede deiner Berührungen fühlt sich großartig an. Wenn du mich in den Arm nimmst. Wenn wir kuscheln, knutschen. Unser Sex ist einfach gigantisch. Ich liebe dich. Ich danke dir für alle Phasen, die ich bislang mit dir erleben durfte. Und ich hoffe so sehr, dass wir es bis zur zwölften schaffen. Dann wäre mein Leben perfekt. P.S. Danke, dass du am Flughafen warst. Danke für den iPod, höre ständig deine Musik. Danke, dass ich deine Freundin sein darf.*

Das war das Kitschigste, was ich je in meinem Leben gelesen hatte. Der Brief triefte nur so vor Pseudoromantik. Aber je länger ich darüber nachdachte, desto mehr berührte er mich. Irgendetwas löste er bei mir aus. Das klang alles so plausibel. War Liebe wirklich so einfach? Mindestens dreimal las ich Kristinas Liebeserklärung. Ich ging alle Phasen gedanklich durch. Durchlebte alle »Weißt du noch«-Stationen. Und plötzlich wusste ich wieder, warum ich diese Frau so sehr liebte. Sogar so sehr, dass ich all die Demütigungen und Erniedrigungen ihrer Eltern über die Jahre ertragen hatte.

Und ja, verdammt: Ich wollte mir ihr zusammen sein. Ja, auch ich wollte mit ihr Phase zwölf erleben, ihre alte, schrumpelige Haut streicheln, ihren faltigen, dicken Alte-Frau-Hintern noch immer sexy finden, trotz des ollen, langweiligen weißen Omaschlüpfers. Warum stellte ich bloß alles infrage? Warum vögelte ich mich durch die Welt, statt mich ganz auf sie einzulassen? Warum setzte ich mich nicht einfach mit ihren Eltern zusammen und klärte diese lächerliche Geschichte?

Ich beschloss, dass Laura meine letzte Affäre sein musste. Dass ich nie wieder fremdgehen würde. Dass ich von nun an treu sein würde. Und dass ich Kristina in Australien fragen würde, ob sie meine Frau werden will.

Ein letztes Mal musste ich ein Arschloch sein. Unmissverständlich musste ich Laura wieder ausschalten. Ein für alle Mal. Ohne Chance auf Rückkehr, auch um selbst nicht wieder schwach werden zu können.

Das Telefonat dauerte zehn Minuten. Es war ein einziger Monolog. Ich faselte etwas davon, dass ich beruflich gerade in einer sehr schwierigen Phase stecken würde. Dass es für mich im Job immer bergauf gegangen sei. Und erzählte ihr: »Mein Leben, und das ist eine ganz bittere Erkenntnis, dreht sich nun mal um meinen Job. Um Karriere. Um Erfolg. Und auf dem Weg bin ich das erste Mal ein wenig ins Stocken geraten. Und deshalb bin ich gerade mit Gott und der Welt unzufrieden. Ich will auf dieser beschissenen Leiter nach oben steigen. Wenn das funktioniert, ist auch alles links und rechts toll. Wehe aber, wenn nicht. Ich habe das wirklich noch nie erlebt. Ich schmeiße gerade wahrscheinlich mein privates Glück über Bord. Ich bin mir sogar jetzt schon sicher, dass ich die Entscheidung bereuen werde. Aber es geht nicht anders. Die vergangenen vier Monate waren traumhaft schön. Ich möchte keinen Moment missen. Aber ich bemerke es leider auf meinem Konto. Die ständigen Autofahrten zu dir. Die freien Wochenenden. Statt 70 bis 80 Stunden habe ich zuletzt nur noch ein durchschnittliches

Pensum abgearbeitet. Mein Bonus wird kleiner. Ja, ich benutze verdammt oft die Worte ›mein‹ und ›ich‹. Ich weiß, dass es zum wiederholten Mal vorkommt, dass ich dir gegenüber meine Meinung ändere. Aber ich kann nicht anders. Ich bin bei dir und habe ein schlechtes Gewissen meinem Chef gegenüber. Es tut mir leid. Aber ich kann nicht mit dir zusammensein. Das Experiment ist leider gescheitert. Am besten lösche ich deine Nummer und beende auch unsere Facebook-Freundschaft. Dein Schlüssel ist schon in der Post und auf dem Weg zu dir. Alles was mich an dich erinnert, würde mich jetzt nur fertigmachen. Ich muss dich vergessen. Es tut mir leid.«

Laura sagte mal wieder nichts. Kein Wort. Sie schrie nicht, beschimpfte mich nicht, sondern legte einfach wortlos auf. Und schickte mir nach unserem Telefonat auch keine SMS mehr. Nur noch einen einzigen Brief. Und dieser steht wahrscheinlich stellvertretend für die von mir verletzten Gefühle vieler Frauen.

Ich habe lange, sehr lange nachgedacht, ob ich dir schreiben soll. Ich habe mich gefragt, warum du die Mühe wert sein sollst? Und obwohl jede Zeile an dich eigentlich Zeit- und Papierverschwendung ist, habe ich doch beschlossen, dir noch einmal zu schreiben. Wahrscheinlich ist es für mich eher eine Therapie, um mit dem größten Arschloch, das mir jemals in meinem Leben begegnet ist, abschließen zu können. Seit Tagen schlafe ich schlecht, frage mich, was ich wohl falsch gemacht habe. Tagelang habe ich in den Spiegel geblickt und eine hässliche, abscheuliche Person gesehen. Eine Person, die du so schrecklich finden musst, dass du meinst, mit ihr deine grausamen Spielchen spielen zu können. Du schaltest mich einfach an und wieder aus. Seit Monaten schon. Wie einen Fernseher. Mal liebst du es fernzusehen, wenn dein Lieblingsprogramm läuft. Aber wehe, es kommt etwas, das dir nicht in den Kram passt. Dann feuerst du die Fernbedienung in den Fernseher, zerstörst ihn mit brachialer Gewalt und scherst dich nicht mal einen Dreck um die Scherben, die du hinterlässt. So jedenfalls fühle ich mich.

Ich habe dich so sehr bewundert und fand dich einfach nur großartig. Ich habe mich so sehr in dich verliebt. Jedenfalls in diesen einen Teil von dir. Es muss, anders kann ich es mir nicht erklären, zwei Marco Beckes geben. Den Charmeur. Den aufmerksamen, wundervollen, vorzeigbaren, liebenswerten Marco Beckes. Und das egoistische Schwein. Den Frauenverachter. Den Wichser, den eiskalt berechnenden Typen, der nur an seine beschissene Karriere denkt. Du hast mir wieder gezeigt, wie wundervoll es ist, verliebt zu sein. Du hast mir traumhafte Abende geschenkt. Du hast mich zum Lachen gebracht und hast mir zugehört. Doch all das möchte ich gern missen, wenn ich dafür auf den Schmerz verzichten kann, den du mir zufügst. Du hast mir einen Pfahl ins Herz gerammt. So jemand wie du ist mir noch nie begegnet. Du hast es irgendwie geschafft, meinen dicken Schutzwall, den ich nach zwei beschissenen Beziehungen um mich aufgebaut hatte, aufzubrechen. Ich weiß nicht, wie dir das gelungen ist. Denn eigentlich war der meterdick. Bevor ich dich kennengelernt habe, bin ich eineinhalb Jahre lang damit rumgelaufen, habe jede Form der Zuneigung an diesem Schutzwall abprallen lassen. Er hat mich vor allem beschützt, was mir hätte wehtun können. Und dann kamst du mit deinen Mails und deinen Fragen in mein Leben. Du hast angefangen, ganz langsam Stein für Stein abzutragen. Und als die ersten Schichten weg waren, hast du den Rest weggefegt, als sei er aus Pappe. Deshalb hast du mich so umgehauen. Du hast mich fasziniert wie niemand zuvor. Und jetzt, nach vier wunderbaren Monaten, die wir ohne Zweifel hatten, entpuppst du dich als das schlimmste Arschloch von allen. Wie du mich fallen lässt, tut mehr weh als die Gemeinheiten deiner Vorgänger. Der eine hat mich sogar mal geschlagen. Aber trotzdem ist deine Eiseskälte, mit der du mich jetzt abservierst, schlimmer. Deine Verachtung tut mehr weh. Sie kam so plötzlich, so unerwartet. Deshalb hat sie mich so erschüttert und verstört. Mein Traumprinz hat sich in ein Monster verwandelt.

Ich habe und hatte immer viel Respekt vor deiner Arbeit. Ich habe mich nie beschwert, wenn du keine Zeit zum Telefonieren hattest. Es fiel nicht ein Wort der Kritik. Es ist deine Entscheidung, du musst mit den Konsequenzen leben.

Ich weiß, dass ich nicht die grauenvolle, hässliche Person bin, die ich momentan im Spiegel sehe. Du bist das Scheusal. Und eines Tages wirst du alleine aufwachen, vielleicht in deinem ganzen Geld. Aber das wird dich nicht in den Arm nehmen. Es wird dir nicht zuhören. Du wirst, da bin ich mir sicher, an deinem Scheißehrgeiz zugrunde gehen. Irgendwann bist du alt und einsam. Und das gönne ich dir. Ich habe monatelang unter dir gelitten. Unter deinen Stimmungsschwankungen.

Meine Wunden werden wieder heilen. Doch bei dir gibt es nichts, was heilen kann. Du bist zu sehr von deinem Streben nach Karriere zerfressen. Ich will dich niemals wiedersehen. Am liebsten hätte ich dich nie getroffen. Am liebsten wäre mir, wenn du nichts von mir wüsstest. Aber es ist nun einmal so. Zieh dein Ding durch. Aber schreib mir nie wieder. Schick mir nie wieder eine SMS. Und sprich mich ja nicht an, falls du mir noch einmal irgendwo begegnen solltest. Das Kapitel »Laura & Marco« hat es nie gegeben. Fick dich.

Das war das Letzte, was ich von Laura gehört habe. Dann verschwand sie endgültig aus meinem Leben.

KAPITEL 10

»Das ist Eric.«

Mein Entschluss stand. Zu 100 Prozent. Schluss mit meinen verlogenen Intrigen. Schluss mit anderen Frauen. Schluss mit heimlichen Spielchen. Ab jetzt würde ich nur noch für Kristina da sein. Erst der Heiratsantrag in Australien, dann eine gemeinsame Zukunft in Deutschland. Ich stellte mir vor, wie wir zusammenwohnen. Wie ich abends nach der Arbeit nach Hause komme und sie mir zur Begrüßung um den Hals fällt. Wie wir gemeinsam kochen, Freunde zum Grillen oder zu Pärchenabenden einladen. Wie wir eingekuschelt auf dem Sofa liegen und *Tatort* schauen – all den spießig-tollen Kram, den Millionen anderer Paare auch machen. Vielleicht würden wir uns bald einen Hund kaufen. Ihr Studium war eh in der Endphase. Und wenn sie ihre abschließende Doktorarbeit schrieb, könnte sie auch zu mir ziehen.

Blieb nur noch eins: die Aussprache mit Professor Doktor Gott. Die wohl größte Hürde auf dem Weg, der noch vor mir lag. Aber mir war auch klar: Kristina würde ihre Eltern niemals komplett aus ihrem Leben kicken. Niemals würde sie mich gegen den Willen ihrer Eltern heiraten. Wir würden niemals richtig glücklich werden, solange dieser Brandherd nicht ein für alle Mal gelöscht war. Noch vor meinem Abflug Richtung Australien würde ich den Tyrannen zur Rede stellen – allerdings ohne es Kristina zu sagen. Es würde sie nur aufregen. Sie würde es verhindern wollen, weil sie Angst vor solchen Auseinandersetzungen hat. Deshalb hat sie es auch all die Jahre nicht zugelassen, dass ich Professor Doktor Gott die Meinung sage. Und nun, da sie 16.000 Kilometer Luftlinie weit weg war, witterte ich meine Chance. Mit der Hilfe ihres älteren Bruders, den ich mit zwei Formel-1-VIP-Tickets bestach, lockte ich den Feind in ein Gourmetrestaurant. Auch Kristinas Mutter weihte ich vorher ein. Ich hatte bewusst einen neutralen Ort ausgesucht, weil ich wusste, dass der Tyrann dort keinesfalls ausfallend werden würde. Einen öffentlichen Streit würde es bei Familie Professor Doktor Gott niemals geben. Dazu war diese Familie viel zu sehr auf ihr Ansehen bedacht. Die Gotts waren immer glücklich. Ihre Ehe war perfekt. Ihre Kinder natürlich auch. Es war immer genügend Geld da und die Sonne strahlte, wo auch immer sich die Gotts aufhielten – so gaukelten sie es zumindest allen vor. Nur der engste Vertrauenskreis, dem man nichts verheimlichen konnte, wusste, dass Professor Doktor Gott schon einen Herzinfarkt hatte. Dass seine Frau Privatpatienten falsch abgerechnet hatte und wegen Betrugs vor Gericht musste, wurde natürlich ebenso unter den Teppich gekehrt wie massive Eheprobleme. Hauptsache der Schein der unfehlbaren Familie Professor Doktor Gott blieb erhalten. Ein lächerliches Schmierentheater.

Ich hatte einen Dreiertisch in einem der führenden Münchner Restaurants gewählt. Erstens, weil Familie Professor Doktor Gott ohnehin nur in diesen Kreisen verkehrte. Und zweitens wollte ich ihnen beweisen, dass es mir ihre Tochter wert war, für einen Friedensgipfel ganz tief in die Tasche zu greifen.

»Was will der denn hier?«, fragte Professor Doktor Gott seine Frau, als ich mich wenige Sekunden nach ihrer Ankunft an ihren Tisch stellte und einen guten Abend wünschte.

»Der hier ist heute Ihr Gastgeber und möchte ein längst überfälliges Gespräch mit Ihnen und Ihrer Frau führen«, sagte ich auf die nette Begrüßung hin.

»Komm, wir gehen.«

»Herr Blumen, glauben Sie nicht, dass ich inzwischen so lange mit ihrer Tochter zusammen bin, dass wir langsam unser Kriegsbeil begraben sollten? Ich bin nicht mehr der Rotzlöffel, für den Sie mich früher vielleicht gehalten haben. Ich verdiene sehr gutes Geld und es ist mir mit Ihrer Tochter sehr ernst. Wir sind jetzt schon ein paar Jahre zusammen. Das ist keine flüchtige Beziehung. Das ist mehr. Ich fliege kommende Woche für einen Monat zu ihr nach Australien. Ich würde mir einfach nur wünschen, dass wir uns heute bei einem leckeren Wein und gutem Essen aussprechen. Wir müssen anschließend nicht die besten Freunde sein. Aber ich möchte von Ihnen akzeptiert werden. Außerdem geht es Ihrer Tochter nicht gut, wenn sie ständig zwischen uns steht. Geben Sie mir bitte diese Chance.«

»Steckst du hinter dieser heimtückischen Falle?«, blaffte Professor Doktor Gott seine Frau an. »Das ist das Letzte. Ich lass mich hier doch nicht von einem Schuljungen austricksen.«

In dem Moment kam der Kellner und fragte, ob »die Herrschaften einen Aperitif« wünschen. Zum Glück sprang Frau Professor Doktor Gott gleich ein: »Ich nehme einen Cocktail in Red und meinem Mann bringen Sie bitte einen Hendricks Tonic.«

Die ersten zwanzig Euro für eine Null-Komma-eins-Liter-Pfütze aus pürierten roten und schwarzen Johannisbeeren, dazu Brombeeren und Himbeeren, aufgegossen mit Prosecco und einem Tonic mit Gurke und frischem Pfeffer. Welch ein Schnäppchen. Immerhin konnte Professor Doktor Gott nun nicht mehr vor mir flüchten. Ich wette, er hat sogar abgewogen, was schlimmer für ihn wäre: eineinhalb Stunden Small Talk mit dem Arschloch, das mit seiner Tochter schläft, oder die spontane Flucht aus dem Laden. Offenbar hielt er es – wie ich mir schon gedacht hatte – für wichtiger, was die Leute wohl hinter seinem Rücken tuscheln würden, wenn er und seine Frau einfach aus dem Restaurant stürmten.

»Dann versuchen Sie mir mal zu erklären, wie aus einem oberflächlichen Jungen und schlechten Schüler jemand geworden sein soll, der gut genug für meine Tochter ist. Wie wollen Sie das hier eigentlich bezahlen? Ihre Eltern können Ihnen doch bestimmt nicht das Geld für das Essen gegeben haben. Das sind doch einfache Leute oder spielt mir da meine Erinnerung einen Streich? Oder haben Sie jetzt einen Kredit aufgenommen, um mich zu beeindrucken?«

Am liebsten hätte ich ihn an seiner Gurke ersticken sehen. Das wären die am sinnvollsten investierten 11,50 Euro aller Zeiten, dachte ich mir. Aber ich riss mich zusammen. Er legte es ja nur darauf an, dass ich explodiere und damit seine Vorurteile bestätige.

»Machen Sie sich mal keine Sorgen. Ich kann das schon bezahlen, ohne mich finanziell zu ruinieren.«

Ich erhob mein Glas Champagner und prostete beiden zu.

»Auf einen Neuanfang!«

Bei pochierten Wachteln aus den Dombes, Blumenkohl, Haselnuss-Crunch mit Salbei für 19 Euro und Frühlingssalat, gehobeltem grünen Spargel unter French-Dressing und Pinienkernen für 16 Euro betete ich dem Tyrannen und seiner Frau meine Lebensgeschichte runter. Bei gebratenem Rindertatar, Kartoffelschnee, gehackten Eiern, Crème fraîche aus der Normandie und 15 Gramm Saiblingskaviar von Sicher aus Kärnten (49 Euro) für ihn und einer Seezunge »Petit Bateau« im Ganzen gebraten mit Kressespinat und La-Ratte-Kartoffeln (56,00 Euro) für sie erzählte ich ihnen von Shanghai und Paris, nahm sie mit nach Donezk und Neu-Delhi. Der Hass – das bildete ich mir zumindest ein – verschwand etwas aus Professor Doktor Gotts Gesicht. Und nach seinem Café Arabica, einem Espressoparfait mit Bananeneis und Florentiner für 15 Euro, lächelte er sogar einmal kurz.

»Es tut mir leid, dass ich nicht der Traumschwiegersohn bin, den Sie sich immer gewünscht haben. Ich kann jetzt nicht mehr Medizin studieren, um Sie glücklich zu machen. Es ist auch nicht mein Ziel, Sie glücklich zu machen. Sie müssen sich wohl damit abfinden, dass Ihre Tochter nicht mit dem Typ Mann zusammen ist, den Sie sich gewünscht hätten. Ich kann Ihnen aber versprechen, dass ich alles dafür tun werde, dass es Ihrer Tochter gut geht. Dass sie sich geborgen und wohl fühlt. Dass sie glücklich ist und viel lacht. Ich werde auf sie aufpassen und ein toller Freund sein. Wenn Sie mir das glauben und uns die Chance geben, eine normale Beziehung zu führen, wäre ich unendlich dankbar. Es fällt Ihrer Tochter nämlich wirklich nicht leicht zu wissen, dass Sie mich nicht ausstehen können und gegen uns sind. Wann immer sie bei mir ist, hat sie das im Hinterkopf. Das belastet unsere Beziehung. Nehmen Sie bitte diesen Druck von uns. So schlimm bin ich doch wirklich nicht.«

Ich weiß bis heute nicht, was Professor Doktor Gott an diesem Abend dachte. Ob er mich für meinen Mut, ihm entgegenzutreten und meine Meinung zu sagen, bewunderte? Ob er mich nun noch mehr verachtete? Ob er mir zutraute, seine Tochter glücklich zu machen? Ob er mich künftig in seiner Gegenwart dulden würde? Er sagte nichts. Es kam keinerlei Reaktion auf meine Worte. Dutzende Male hatte ich meine Rede vor dem Spiegel geübt. Mal hatte ich sie aggressiver gehalten, Professor Doktor Gott angegriffen (»Für wen halten Sie sich eigentlich? Sind Sie im Mittelalter groß geworden und haben den Wandel der Zeit verpasst? Fahren Sie noch mit einer Kutsche, haben eine Kammerzofe und einen Webstuhl zu Hause? Wachen Sie auf! Wir sind im 21. Jahrhundert. Und im 21. Jahrhundert dürfen sich Frauen schon selbstständig ihren Partner aussuchen.«). Ebenso hatte ich eine emotionale Rede einstudiert (»Können Sie sich eigentlich vorstellen, wie es uns dabei geht? Wissen Sie, wie schäbig ich mir vorkomme mit dem Wissen, dass Sie mich für nicht gut genug halten? Ich habe an sich großes Selbstvertrauen. Aber noch nie zuvor hat mich ein Mensch so herablassend behandelt wie Sie. Stellen Sie sich mal vor, *Ihr* Schwiegervater hätte Sie damals so behandelt. Das kann einen Menschen kaputt machen. Mich, da brauchen Sie sich keine Hoffnungen zu machen, werden Sie nie kaputt machen. Vielleicht wütend und manchmal auch ratlos. Ich hatte auch schon mehrfach den Wunsch, Ihnen einfach eine reinzuhauen. Aber da stehe ich drüber. Warum sollte ich mir die Finger an einem verbitterten, unglücklichen, frustrierten alten Mann schmutzig machen? Ich bin besser als Sie. Sie haben einfach nur Angst und sind unsicher. Sonst würden Sie sich Ihre Familie nicht mit Ihrer Tyrannenherrschaft gefügig machen müssen. Mir tut es nur für Ihre Tochter leid. Sie ist so ein toller Mensch. Es ist so schön, wenn sie lacht und tanzt und fröhlich ist. Mit ihrem Lächeln haut sie mich immer wieder um. Wahrscheinlich ist Ihnen das bezaubernde Lächeln Ihrer Tochter bisher gar nicht aufgefallen. Sonst würden Sie sie ermutigen, ja, alles daran setzen, sie glücklich zu machen, damit Sie sich auch ständig am tollsten Lächeln der Welt erfreuen könnten. Was sind Sie bloß für ein Vater, der seine Tochter so schikaniert? Was ist in Ihrem Leben nur schiefgelaufen? Macht es Sie glücklich, dass Kristina unglücklich ist und leidet? Merken Sie das überhaupt? Sie wünscht sich so sehr, dass ihre Eltern sie respektieren und immer an sie glauben. Sie wünscht sich, ihren Vater in den Arm zu nehmen und zu knuddeln. Sie wünscht sich Geborgenheit in der Familie. Als Sie einen Herzinfarkt hatten, war Kristina bei mir. Sie hat geweint wie ein kleines Kind. Hat mir von früher erzählt. Von ihrem tollen Vater, der ihr Geschichten erzählt hat. Von ihrem starken Vater, der sie immer beschützt hat. Doch heute sind Sie nur ein verbitterter Mann, der mit sich und wahrscheinlich auch mit dem Älterwerden einfach nicht zurechtkommt. Auch wenn ich über dreißig Jahre jünger bin als Sie, so gebe ich Ihnen doch einen Rat: Sprechen Sie sich mal in Ruhe mit Ihrer Tochter aus. Sie weiß nicht, dass ich hier bin. Sie hat Angst, dass sie sich irgendwann zwischen uns und ihrer Familie entscheiden muss. Ich kann über meinen Schatten springen. Ich kann hier und heute mit Ihnen von vorn anfangen. Ich möchte Ihnen die Hand reichen und hoffe auf einen Neuanfang. Nicht für mich, nur für Ihre Tochter.«). Warum ich mich letzten Endes gegen meine einstudierten Worte entschied? Keine Ahnung. Ich sprach, ohne nachzudenken. Die Worte sprudelten nur so aus mir heraus. Und Professor Doktor Gott? Der verzog keine Miene. Er hörte mir die ganze Zeit mit verschränkten Armen zu. Mal schaute er nach unten, mal kratzte er sich am Kinn. Nur ganz selten suchte er Blickkontakt.

»Okay, das war es, was ich seit Jahren loswerden wollte. Ich hoffe, Sie können mich verstehen, dass ich Kristina nicht einfach kampflos aufgebe. Dafür liebe ich sie zu sehr. Ich glaube, Sie würden genauso handeln, wenn Sie an meiner Stelle wären. Sie scheinen auch ein Kämpfer zu sein, der immer seine Ziele erreicht hat. Herr Blumen, ich liebe Ihre Tochter. Sehr sogar. Vertrauen Sie mir.«

Hätte dieses Essen unter der Regie von Richard Curtis stattgefunden, dem Regisseur von *Tatsächlich Liebe*, wäre an diesem Abend eine Männerfreundschaft entstanden. Professor Doktor Gott wäre aufgesprungen, hätte mir ermutigend auf die Schulter geklopft und gesagt: »Mein Junge. Was war ich für ein Idiot. Ich habe mich so in dir getäuscht. Ich habe mich wie ein kompletter Trottel verhalten. Jetzt weiß ich, dass du der Richtige für meine Tochter bist. Von jetzt an habe ich keine Zweifel mehr: Du hast mir die Augen geöffnet. Es hat sich noch nie einer getraut, mich so infrage zu stellen und mir zu zeigen, wie falsch ich mit etwas liege. Willkommen in der Familie. Ich bin der Bernd.«

Doch natürlich war Richard Curtis nicht da. Auch sonst niemand aus Hollywood. Wir saßen nach wie vor in einem Restaurant, in dem links und rechts von uns Gäste einander anlächelten, zuprosteten und in dem Kellner umhereilten. Und einen von diesen Kellnern zitierte Professor Doktor Gott an unseren Tisch.

»Bringen Sie uns bitte die Rechnung. Das Essen war wie immer vorzüglich. Der junge Mann bezahlt.«

Er deutete auf mich und erhob sich.

»Komm, Schatz, wir gehen. Ich muss morgen früh raus.«

Dann schüttelte er mir die Hand und ging.

Ich redete mir ein, dass der Abend ein kleiner Erfolg war. Ich hatte zumindest, und das war mir wichtig, alles probiert. Ich hatte mich meinem größten Feind gestellt. Ich war ruhig geblieben trotz der Giftpfeile, die er immer wieder gegen mich abgefeuert hatte. Ich hatte ihm all das gesagt, was ich mir schon seit Jahren vorgenommen hatte. Mission eins war erfüllt.

Schon vor diesem Zusammentreffen hatte ich meine beste Freundin in all meine Pläne eingeweiht und mit ihr einen Verlobungsring für Kristina ausgesucht. Sie war geschockt, weil sie gehofft hatte, dass es nie dazu kommen würde, dass Kristina und ich tatsächlich heiraten. Sie zählte mir noch einmal all die Gemeinheiten auf, die mir ihre Eltern angetan hatten.

»Die Frau tut dir nicht gut. Sie wird dir wehtun. Und was ist dann? Du bist so ein toller Kerl. Aber immer wenn du mit ihr zusammen bist, verleugnest du dich. Dann bist du nicht mehr du selbst. Dann bist du ihr Schoßhündchen. Dann sehe ich dich nicht mehr lachen. Überleg es dir, bitte!«

Ich änderte meine Meinung nicht. Und stieg in den Flieger nach Australien. Von Berlin über Frankfurt und Bangkok nach Sydney. 23 Stunden und 50 Minuten, bis ich endlich das erste Mal nach einem halben Jahr meine Süße wieder in den Arm nehmen konnte. Seitdem ich Laura abgeschossen hatte, waren unsere Telefonate wieder besser geworden. Ich freute mich richtig, Kristinas Stimme zu hören. Ich genoss es, ihr von meinem Tag zu erzählen und ihr zuzuhören, wenn sie von Australien berichtete. Wir flirteten wieder, waren richtig verliebt, harmonierten einfach. Jedenfalls am Telefon.

Kristina war mit zwei Studienkollegen nach Australien gegangen: Nathalie und Peter, ihrem schwulen besten Freund. Sie teilten sich eine Wohnung und arbeiteten gemeinsam in einer Klinik. Mit den beiden würden wir auch die geplante Rundreise zusammen machen. Von Sydney über Canberra nach Melbourne.

Von da nach Brisbane und dann wieder zurück. Insgesamt vier Wochen Liebesurlaub, mit meinem Antrag, für den ich schon alles von Deutschland aus organisiert hatte: Er sollte das Highlight der Reise werden. Ich freute mich wie ein kleines Kind.

Und dann setzte der A340 endlich in Sydney auf, das Wir-werden-wieder-richtig-glücklich-und-ab-jetzt-bin-ich-kein-verlogenes-Schwein-mehr-und-werde-nur-dich-lieben-und-ehren-bis-dass-der-Tod-uns-scheidet-Projekt konnte beginnen.

Doch mit dem Verlassen des Flugzeugs begannen die schlimmsten Wochen meines Lebens.

»Wie gut, dass du da bist. Ich halte es nicht mehr aus. Es ist so schrecklich. Am liebsten würde ich das Ganze hier abbrechen.«

Was für eine Begrüßung.

Wo war die Freude? Warum bekam ich keinen Kuss?

»Am besten du erkundigst dich erst einmal, was ein Mietwagen kostet. Ich muss echt raus hier. Ich ertrage diese blöde Kuh keinen Tag länger.«

»Süße, jetzt beruhige dich erst einmal. Komm, wir gehen was trinken und du erzählt mir in Ruhe, was los ist. Und ach ja: Ich freue mich, dich zu sehen. Du hast mir gefehlt.«

Ich küsste Kristina auf die Stirn und zog sie ins nächste Café. Ihre Miene veränderte sich kein bisschen. Und dann kotzte sie sich aus. Vor eineinhalb Wochen hatten die drei aus ihrer Wohnung ausziehen müssen. Sie hatten ein Appartement mit drei Schlafzimmern, einem Wohnzimmer und einem kleinen Pool im Garten bewohnt. Doch dann war der Sohn des Vermieters, der wegen seines Studiums eigentlich gerade in den USA lebte, unangekündigt mit Freunden dort aufgekreuzt und die drei mussten raus. Weil sie sich aber viel zu lange nicht um eine neue Bleibe gekümmert hatten, wohnten sie nun zu dritt in einem Einraumappartement. Das Badezimmer war in einer Art begehbarem Schrank. Niemand hatte einen Rückzugsort. Und innerhalb von eineinhalb Wochen hatte sich die WG bereits in zwei Lager gespalten. Nathalie und

Peter gegen Kristina. Manchmal zickten sie sich auch alle gegenseitig an. Kristina hatte etwas an Nathalies Haaren im Abfluss zu meckern. Nathalie, die wirklich superscharf war, brachte Kerle mit ins Appartement (Kristina: »Die lässt sich hier wie eine Nutte ficken.«). Und Peter, mindestens 30 Kilo zu schwer, schwitzte stark und verteilte Essensreste in der Wohnung.

Hinzu kam noch, dass sich die drei ein Auto teilen mussten, das sie vom Vermieter geliehen hatten. Sie mussten also neben der Arbeit auch noch zwangläufig ihre Freizeit miteinander verbringen, da es keiner von den dreien einsah, mit Bus und Bahn oder dem Fahrrad zu fahren. (»Dazu wohnen wir viel zu weit draußen.«)

Ich hatte mich aufs Urlaubsparadies gefreut und war in der Hochburg des Zickenterrors gelandet. Doch so einfach wollte ich mir meine Laune nicht verderben lassen. So schlimm kann es schon nicht werden, dachte ich. Und lag so was von daneben. Die Bösartigkeit und angestaute Frustration waren beim Betreten der WG fast schon greifbar.

Nachdem ich Nathalie mit einer Umarmung begrüßt hatte, bekam ich gleich mein Fett weg.

»Das ist ja klar, dass du wieder nett zu der bist. Ich hab dir doch gerade erzählt, was das für eine Schlange ist.«

»Süße, ich habe sie nur begrüßt. So wie es sich gehört, wenn man ankommt.«

»Ich gucke diese falsche Schlange jedenfalls noch nicht mal mehr mit dem Arsch an.«

Jedes falsche Wort barg die Gefahr, dass Kristina sofort explodierte. Also beschloss ich, zur Deeskalation beizutragen und mit ihr zu flüchten.

»Ihr könnt euch ja bestimmt vorstellen, dass wir ein bisschen für uns sein wollen. Ist es okay, wenn wir heute allein an den Strand fahren und erst mal ein bisschen Zeit für uns haben?«

Peter und Nathalie hatten nichts dagegen. Sie wünschten uns viel Spaß. Doch von Spaß konnte keine Rede sein.

Kristina wollte unsere Zweisamkeit einfach nicht genießen. Wenn ich versuchte, sie zu küssen, drehte sie den Kopf weg. Als ich meine Hand auf ihren Hintern legte, pampte sie mich an: »Das kannst du vergessen. Wenn du nur zum Vögeln hierhergekommen bist, kannst du gleich wieder nach Hause fliegen. Das geht hier eh nicht.«

»Jetzt entspann dich doch mal. Ich massiere dich ein wenig und du genießt die Ruhe und die Tatsache, dass die beiden nicht da sind. Und übermorgen nehmen wir uns ein Auto und fahren ein paar Tage weg. Okay?«

»Das musst du dann aber bezahlen. Ich habe hier eh schon viel zu viel ausgegeben. Ich kann jetzt nicht noch mal eben 500 Euro fürs Wochenende auf den Tisch legen.«

Kristina hatte die ganze Reise von ihrem Geld bezahlen müssen. Sie hatte sogar ihren Bausparvertrag gekündigt, den sie mit dem Erbe von ihrer Oma angelegt hatte, um sich Australien leisten zu können. Professor Doktor Gott war von Anfang an gegen das Auslandsjahr gewesen. (»Dann musst du ja noch ein Semester dranhängen. Das bringt doch alles nichts. Damit verplemperst du nur Zeit.«) Die Gotts hätten das Geld für Kristinas Aufenthalt locker aus der Portokasse bezahlen können. Aber da Kristina für alles selbst aufkommen musste, war hier auch alles auf Low-Budget-Niveau: Statt im pulsierenden Zentrum zu wohnen, teilten sich die drei dieses Einraumappartement, sodass jeder nur 5 Euro pro Nacht bezahlen musste. Und deshalb mieteten sie sich auch zu dritt die klapprige Schrottkarre des Vermieters für weitere 5 Euro pro Tag. Ich schluckte meinen Ärger runter, nickte nur und lächelte Kristina an, als sei alles in bester Ordnung.

»Hauptsache du kannst dich mal ein wenig von den beiden erholen.«

Ich konnte sie verstehen. Wobei ich nicht verstehen konnte, dass sie den Ärger an mir auslassen musste. Warum konnte sie nicht wenigstens die Zeit am Strand genießen? Warum musste sie sich so lange darüber aufregen? Warum haben Frauen keinen Schalter, mit dem sie unangenehme Dinge einfach ausschalten können? Meine ersten 10 Stunden in Australien waren jedenfalls schlicht und ergreifend nervtötend und anstrengend. Aber nichts im Vergleich zu dem, was noch kommen sollte.

Um die Streithähne zu besänftigen, schließlich wollten wir zusammen eine Rundreise machen, hatte ich sie für abends ins »Wildfire« eingeladen. Im Reiseführer hatte ich gelesen, dass es als der Shootingstar in der Gastronomieszene galt und mehrfach für seine internationale Küche ausgezeichnet worden war. Gutes Essen in feinstem Ambiente, leicht angetrunken sein und die Vorfreude auf unsere Tour richten – so mein Plan. Peter und Nathalie spielten auch wunderbar mit, waren nett, lustig, unterhaltsam und boten Kristina an, den »dummen Streit« zu vergessen und »einfach die schöne Zeit zu genießen«.

Dafür war Kristina nun sauer auf mich.

»Super. Was soll das eigentlich? Bist du mit mir zusammen oder mit denen? Warum zahlen wir denen jetzt so ein teures Essen? Jetzt darf der fette Kerl sich den Magen auf unsere Kosten vollschlagen. Was soll das?«

Kristina erinnerte mich an einen Hahn, den ich mal in der Dominikanischen Republik beim Hahnenkampf gesehen hatte. Immer kampfbereit hackte der noch, als sein Opfer schon zerrupft, bewegungsunfähig und blutend auf dem Boden lag, mit seinem Schnabel auf es ein. Irgendwie war Kristina auch so. Immer gereizt, immer angriffslustig und sofort bereit zuzuhacken.

»Erstens ist es mein Geld, mit dem ich zum Glück tun und lassen kann, was ich will. Außerdem wollte ich nur, dass ihr euch wieder beruhigt. Wie soll das denn funktionieren, wenn wir über eine Strecke von Tausenden von Kilometern in einem Auto sitzen und ihr euch nur anzickt! Das kann doch nicht gut gehen. Wollt ihr euch nicht zusammensetzen und das alles mal in Ruhe klären? Süße, bitte! Für uns.«

»Peter hat in sein Tagebuch geschrieben, ich sei ein kratzbürstiges Miststück. Muss der fette Sack gerade sagen. Der soll echt mal abnehmen. Mit dem kann man ja nirgends hingehen, ohne sich kräftig zu blamieren.«

»Süße, jetzt werd nicht unfair. Dick war er auch schon vor Australien. Und außerdem ist er ein guter Freund von dir.«

»Immer nur liegt der faul rum und will nie shoppen gehen. Dabei hat er echt nur Kack-Klamotten mit. Der sieht so scheiße aus.«

Es war unsere erste gemeinsame Nacht nach einem halben Jahr – und sie endete im Streit. Kristina dachte nicht mal daran, etwas dagegen zu unternehmen.

»Süße, jetzt hör auf. Ich habe es doch nur gut gemeint«, flüsterte ich ihr ins Ohr. Immerhin lagen Peter und Nathalie nur wenige Meter neben uns im selben Zimmer.

»Vergiss es. Das hast du verbockt.«

»Süße, ich wollte nur, dass ihr euch wieder vertragt. Und die beiden möchten dir die Hand reichen. Was hab ich denn bitte falsch gemacht?«

»Du kannst ja mit denen deinen Urlaub verbringen, wenn sie dir so wichtig sind.«

»Sie sind mir nicht wichtig. Du bist mir wichtig. Deinetwegen bin ich um die halbe Welt geflogen. Deinetwegen habe ich fast meinen gesamten Jahresurlaub am Stück genommen. Ich bin hier, weil du mir unendlich gefehlt hast und ich dich liebe. Okay?«

»Ich will jetzt schlafen.«

Dann drehte sich Kristina weg, streckte mir ihren Po entgegen und zog mit einem Ruck die Decke zu sich rüber. Was für ein erster Tag, dachte ich mir und schüttelte den Kopf. Da lag ich nun mitten in einem dunklen Zimmer, dem Schlachtfeld eines erbitterten Zickenkrieges. Vielleicht sollte ich morgen einen Boxkampf initiieren. Wie würde Michael Buffer, der berühmte Ringsprecher von RTL, diesen Boxkampf wohl anmoderieren? »I am proud to present you the most spectacular fight in the world … You have never seen something like this before. In der roten Ecke, mit einem Kampfgewicht von 105 Kilo und einem Bauchumfang von 102 Zentimetern … Peter Tagebuchtrottellllll. In der blauen Ecke, 50 Kilo schwer, Teilzeitvegetarierin und eigentlich Pazifistin … Nathaliiiiiiiiiie. Und in der grünen Ecke: seit 23 Kämpfen ungeschlagen, daueraggressiv seit ihrer Reise nach Australien, mindestens drei Kilo schwerer … die unglaubliche, hasserfüllte Zickenkönigin of the woooooorld. Kriiiiiiisstinaaaaaaaa … And now, millions watching on RTL … Let's get ready to rumbllllllllllllllllllllllllllllle!«

Als ich mich einmal in einem gemeinsamen Urlaub mit meinen Jungs gezofft hatte – was echt nahezu nie vorkommt –, waren wir zu einer Paintball-Anlage gegangen, haben uns eine Stunde lang mit Farbkugeln beschossen und danach war das Thema durch. Doch hier musste ich nicht nur die Kuh vom Eis holen. Hier war die Kuh schon eingebrochen und stand bis zum Hals im kalten Wasser. Streng genommen waren es sogar drei eisgekühlte Kühe … Was für ein Chaos! Noch vor einigen Stunden hatte die 11-Punkte-Stewardess bei der Landung über die Lautsprecheranlage ihren Standardtext geflötet: »Herzlich willkommen auf dem Flughafen von Sydney. Wir hoffen, Sie hatten einen angenehmen Flug. Wir wünschen Ihnen einen ganz tollen Aufenthalt und würden uns freuen, Sie bald wieder an Bord begrüßen zu dürfen.« Wenn ich jetzt meine Sachen packen und gleich morgen wieder in den Flieger steigen würde, hätte ich vielleicht Glück und mir würde dieselbe Stewardess die Benutzung des Sicherheitsgurts erklären und später Hühnchen oder Pasta servieren. Endlich schlief ich ein und träumte von boxenden Kühen und einer Stewardess, die ins Eis einbrach, während ich vor ihr auf die Knie ging. Völlig wirres Zeug, aber irgendwie auch lustig nach dem lächerlichen Drama.

Natürlich habe ich meine Sachen am nächsten Morgen nicht gepackt. Und natürlich bin ich auch nicht geflohen. Jeder kann mal einen schlechten Tag haben, redete ich mir ein. Die Sonne schien, Kristina und ich würden erst einmal fürs Wochenende verschwinden und dann würde alles wieder gut werden – so meine Hoffnung. Doch der nächste Streit ließ nicht lange auf sich warten. Ich stand als Erster auf, weil ich einen Wagen für unseren Ausflug von der Mietstation abholen wollte.

»Dusch aber nicht so lange. Wir wollen alle warmes Wasser. Also putz dir bloß nicht die Zähne unter der Dusche. Das ist eh total die Scheißangewohnheit von dir«, keifte Kristina.

Ich ignorierte sie einfach und ging duschen. Wir bekamen einen Audi TT. Eigentlich wollte ich die günstigste Wagenklasse mieten. Es hätte noch einen Golf mit Klimaanlage und Navigationssystem gegeben. Aber den Vortrag, was denn ein standesgemäßes Auto für uns sei, hatte ich wirklich schon zu oft in meinem Leben von Kristina gehört. Ein weiteres Mal hatte ich keine Lust, mich über »das Auto fürs Volk, für die einfachen Wichser, die halt nichts in ihrem Leben erreicht haben« belehren zu lassen. Also bezahlte ich brav 40 Euro mehr Mietkosten am Tag und hatte dafür meine Ruhe.

»Wo fahren wir denn hin? Nun sag mir das! Wie soll ich denn die richtigen Sachen einpacken, wenn du mir nicht sagst, was wir machen?«

»Süße, es ist eine Überraschung. Vertrau mir einfach. Es wird dir gefallen. Pack Klamotten für zwei Tage ein. Jeans, nette Oberteile, ein heißes Höschen. Gemütliche Schuhe …«

»Wir gehen jetzt aber nicht wandern oder so einen Scheiß! Das kannst du gleich vergessen.«

»Süße, wie lange kenne ich dich jetzt? Ich glaube, dass ich deinen Geschmack sehr gut einschätzen kann, oder? Hab ich dich schon mal zu etwas gezwungen, worauf du überhaupt keine Lust hattest?«

»Ich will dieses Wochenende meine Ruhe haben und nichts Anstrengendes machen.«

Ich ließ Kristina motzen und schimpfen und verzog mich auf die Terrasse, damit sie ungestört ihre Klamotten packen konnte.

Nachdem ich kurz meine Mails auf dem Handy gecheckt hatte, schrieb ich meinen Jungs eine Rund-SMS: »Zickenalarm. Nächstes Mal wieder Männerurlaub. Las Vegas, Aida oder worauf habt ihr Bock? Bin für Anfang September.« Anschließend, Kristina war nicht mal ansatzweise damit fertig, die benötigten zehn Teile in ihre Reisetasche zu schmeißen, recherchierte ich bei Wikipedia, ob unter dem Wort »kratzbürstig« ein Link zu Kristina Blumens Facebook-Profil zu finden war. Aber weder unter »kratzbürstig« noch in der Definition von »Zicke« wurde sie als Prachtexemplar aufgeführt. Komisch eigentlich.

Eine Stunde später saßen wir im Auto. Ziel des Überraschungsausflugs: die Blue Mountains, 110 Kilometer westlich von Sydney. Die Three Sisters, eine beeindruckende Felsformation, wie es im Reiseführer hieß, hätten eine große spirituelle Bedeutung für die Aborigines. Man habe einen atemberaubenden Blick auf die tiefen Schluchten und die dicht bewaldeten Bergketten des Nationalparks. Im Internet hatte ich etwas von blauen Nebelschwaden, die wie ein dicker Theatervorhang die Täler am Horizont vor neugierigen Blicken verhängen, gelesen. Ein Reisejournalist hatte bei FOCUS Online geschrieben: »Als tanzten hinter dem schillernden Vorhang Elfen im australischen Märchenwald, die ungesehen bleiben wollen. Vom Trubel der nahen Millionenstadt ist nichts zu spüren, kein Autolärm, keine Abgase – nur ein Klangteppich aus Vogelgezwitscher und ebendieser Geruch wie aus einer Duftlampe.« Das klang nach dem richtigen Ort, um auszuspannen und sich vom Zickenterror zu erholen. Inmitten eines Klangteppichs aus Vogelgezwitscher musste sich Kristina einfach wieder in die bezaubernde Frau verwandeln, die ich heiraten wollte. Davon war ich überzeugt.

Doch erst einmal gab es wieder Zoff. In Australien gilt, wie in England, Linksverkehr. Das Steuer ist für uns auf der falschen Seite, wenigstens sind die Vorfahrtsregeln wie bei uns in Deutschland. Kristina meldete natürlich sofort Zweifel an meinen Fahrkünsten an.

»Kommst du damit überhaupt klar?«

»Ja, komme ich. Ich bin doch in London auch schon gefahren.« Das stimmte zwar nicht, es war meine Linksverkehrpremiere, aber es war mir doch lieber, selbst zu fahren, als Kristina fahren zu lassen. Mit ihr im Auto zu sitzen glich einem Höllenfahrtskommando: Wenn vor ihr ein Auto bremste, bemerkte Kristina es erst, wenn sie dem Vordermann schon fast auf der Stoßstange hing. Geschwindigkeitsschilder nahm sie grundsätzlich nicht wahr. Selbst Einbahnstraßenschilder übersah sie mit Regelmäßigkeit. Eigentlich durfte man Kristina nur ganz spät nachts fahren lassen – oder nur an solchen Tagen, an denen Lady Di beerdigt wurde, Prinz William und Kate Middleton heirateten oder Deutschland um die Fußballweltmeisterschaft spielte, also dann, wenn Milliarden von Menschen freiwillig die Straßen räumten.

Doof nur, dass ich gleich an der ersten Kreuzung den Motor abwürgte. Ich schaltete ja normalerweise mit der rechten Hand, doch wenn das Lenkrad auf der rechten Seite ist, muss man zwangsläufig mit links schalten. Noch ohne das richtige Fahrgefühl entwickelt zu haben, hatte ich in den dritten statt in den ersten Gang geschaltet – das Auto machte einen Satz nach vorn, der Motor ging aus und hinter uns hupte halb Sydney.

»Ich dachte, du kannst das!«, fauchte Kristina, anstatt einfach mal darüber hinwegzulächeln.

Eine Kreuzung später schaltete ich den Scheibenwischer an, statt zu blinken – noch so eine Veränderung gegenüber den Autos in Europa. Auf der Seite, auf der bei uns der Blinker ist, haben die Autobauer hier den Scheibenwischer montiert und umgekehrt. Eigentlich lustig. Nur Kristina verdrehte schon wieder die Augen. Und als ich nach zwanzig Kilometern beim Runterschalten den zweiten statt den vierten Gang erwischte, platzte sie.

»Du bist echt zu blöd. Halt sofort an. Ich fahre.«

»Süße …«

»Ach, halt die Fresse.«

Die Sicherheitsgurte zogen sich fest und drückten uns in die Sitze. Diesmal allerdings, weil ich heftig auf die Bremse gestiegen war und wenig später auf dem linken Seitenstreifen hielt.

»Es reicht. Ich hab die Schnauze so was von voll von dir. Wir haben uns ein halbes Jahr nicht gesehen. Ich habe mich total auf dich gefreut. Ich dachte, wir verbringen hier eine tolle Zeit zusammen. Und was passiert? Meine Freundin hat sich in eine Furie verwandelt. Spinnst du eigentlich? Es ist doch gar nichts Schlimmes passiert. Ich habe mich in diesem verdammten Auto verschaltet und den Scheibenwischer eingeschaltet. Es gibt Menschen, die lachen darüber. Das könntest du auch machen. Was willst du? Soll ich wieder abhauen? Freust du dich, dass ich hier bin? Interessiert es dich überhaupt? Hast du schon irgendetwas Nettes gesagt, seitdem ich hier bin? NEIN! Hast du nicht. Du motzt sogar, weil ich dich und deine Freunde zum Essen eingeladen habe. Das ist krank.«

»Dann fahr doch zurück, wenn du dich mit denen so gut verstehst. Mach doch was mit meinen tollen Mitbewohnern.«

»Darum geht es doch gar nicht. Ich will einfach nur, dass wir eine tolle Zeit haben. Die interessieren mich nicht. Können wir jetzt bitte bei null anfangen? Ohne Streit. Einfach nur glücklich sein und unsere Zeit hier genießen.«

»Wenn du mich nicht ständig anschreist und dich nicht immer wie ein Vollidiot verhältst.«

»Ich schreie dich nicht an.«

»Fahr einfach weiter.«

Die nächsten 80 Kilometer schwiegen wir uns an. Ich dachte darüber nach, was ich mit den 17 Millionen Euro machen würde, die gerade im Lottojackpot waren, als ich Deutschland verließ. Auf dem Weg zum Flughafen hatte ich sogar einen Schein ausgefüllt. Nun stellte ich mir vor, wie ich meine Jungs mit einer Reise überraschen würde. Zwei Wochen auf einem Kreuzfahrtschiff, mit einer Suite und Champagner für alle. Zwei Wochen, die immer unser Geheimnis bleiben würden. Ich lenkte mich von der Furie auf meinem Beifahrersitz ab, indem ich mir diesen Urlaub in den schillerndsten Faben ausmalte, und fuhr so eine Weile entspannt durch Australien. Ich genoss die an uns vorbeirauschende Natur und nahm Kristina einfach mal eine Zeit lang nicht wahr.

»Los, halt an.«

»Was?«

»Na toll, danke.«

»Was denn?«

»Du solltest anhalten.«

»Warum denn?«

»Da war so ein süßes Straßenschild.«

»Süßes Straßenschild?«

»Mit einem Koalabären drauf.«

»Soll ich zurückfahren?«

»Nein.«

»Sicher?«

»Kann dir doch egal sein.«

»Süße, möchtest du jetzt, dass ich zurückfahre oder nicht?«

»Ja.«

Wenig später parkten wir neben einem gelben Straßenschild mit einem aufgemalten Koala. Er grinste die Autofahrer freundlich an und hatte eine lustige, dicke runde Nase.

»Ist der nicht süß? Mach mal ein Foto von mir und dem Schild.«

Kristina drückte mir die Kamera in die Hand und stellte sich neben die australische Variante des Achtung-Wildwechsel-Straßenschilds.

»Bitte lächeln.«

Knips. Kristina wollte sofort das Ergebnis begutachten.

»Da hast du ja die Füße abgeschnitten! Ihr seid alle zu doof zum Fotografieren.«

»Wieso das denn? Das Bild ist gut. Du lächelst total süß den Koala an.«

»Ich will, dass du ein vernünftiges Foto machst. Mit meinen Füßen drauf. Mit mir. Boah, wie kann man nur so blöd sein!«

»Süße, das kann man auch normal sagen. Du musst dich deshalb doch nicht so aufregen.«

»Peter ist auch zu dumm. Der kann auch nicht fotografieren.«

»Ich finde das Bild total schön. Es ist lustig. Aber ich mache gern ein neues.«

»Wie doof! Echt! Es kann doch nicht so schwer sein, die Füße mit aufs Bild zu bekommen. Das weiß man doch!«

»Tut mir leid, dass ich deinen So-fotografiert-man-Kristina-richtig-Ratgeber nicht gelesen habe. Also: Jetzt bitte recht freundlich.«

Knips.

»Komm, wir machen noch eins.«

Knips.

»So besser?«

»Guck dir doch mal mein Gesicht an. Du musst abdrücken, wenn ich lächle.«

»Und das andere?«

»Da sieht man ein Auto im Hintergrund.«

»Das kann an einer Straße durchaus passieren.«

»Los, jetzt mach einfach ein verdammtes Foto.«

»Süße, du guckst gerade total ernst …«

»Ach, fick dich. Guck du mal gegen die Sonne. Nur weil du so lange brauchst. Vergiss es einfach. Dann machen wir halt kein Foto.«

»Jetzt stell dich dahin, mach die Augen zu. Und wenn ich bis drei gezählt habe, machst du die Augen wieder auf und lächelst mich zuckersüß an. Okay?«

Acht Versuche später hatte Kristina endlich ihr Foto. Lächelnd, mit Füßen drauf und ohne Autos im Hintergrund. Mich wollte sie übrigens nicht neben dem Schild fotografieren.

»Damit jeder am Ende dieselben Motive hat oder was? Nein, ist nicht. Das war meine Idee. Dann musst du schon selbst aufpassen und dir was einfallen lassen.«

Eine Stunde später checkten wir in unserer Lodge ein.

Ich hatte uns das Romantik-Paket gebucht: Champagner und Blumen auf dem Zimmer, einen eigenen Jacuzzi auf der Terrasse, außerdem stand ein Korb mit japanischem Körperöl, einer Bürste und verschiedenen Lotionen bereit. 700 Dollar für zwei Übernachtungen und die Hoffnung, dass Kristina und ich ein Wochenende ohne Streit und Ärger miteinander verbringen würden. Von unserer eigenen Aussichtsplattform schauten wir direkt in die Wälder, konnten die Blätter der kolossalen Bäume berühren, waren Teil der Natur. Schon nach wenigen Minuten in diesem Paradies fühlte ich mich wie ausgewechselt. Die Streitigkeiten der letzten Tage waren wie weggeblasen. Selbst Kristina lächelte. Wir genossen die herzhafte regionale Küche, fütterten Papageien und machten einen Spaziergang zum hauseigenen Grand Canyon, vorbei an spektakulären Schluchten und Felsvorsprüngen. Schon nach zwanzig Minuten gab es allerdings zur Abwechslung mal wieder Zoff.

»Du weißt genau, dass ich Höhenangst habe. Ich mach den Scheiß nicht mit.«

»Seit wann hast du bitte Höhenangst?«

»Schon immer.«

»Das höre ich jetzt zum ersten Mal.«

»Quatsch! Das habe ich dir schon hundertmal erzählt. Aber du hörst mir ja nie zu. Es ist dir immer egal, was mit mir ist.«

»Süße, hier sind befestigte Wege. Du bist mindestens fünf Meter von der Schlucht weg. Jetzt lass uns weitergehen und die herrliche Natur genießen.«

»Ich gehe keinen Meter weiter.«

»Wieso fällt dir das mit der Höhenangst erst nach zwanzig Minuten ein? Du hast doch die Berge gesehen! Was hattest du dir denn vorgestellt, wie man zu einem Grand Canyon kommt?«

»Jetzt schieb mir das nicht in die Schuhe! Du hast dir den Mist hier ausgedacht.«

»Genau. Ich wollte dich überraschen. Wir sind hier an einem der schönsten Flecken der Welt und du hast schon wieder etwas auszusetzen.«

»Ich will zurück in die Lodge.«

»Und dann?«

»Keine Ahnung. Weißt du eigentlich, wie fertig ich bin? Ich habe hier jeden Tag stundenlang nur operiert, die beuten uns total aus in dem Krankenhaus. Ich will einfach mal meine Ruhe haben.«

»Besser als hier kann man sich doch gar nicht erholen.«

»Ich gehe jetzt zur Lodge zurück und hau mich einfach mal in Ruhe vor den Fernseher. Mit den anderen beiden Pissbratzen geht das ja nicht. Du kannst ja allein zum Wasserfall gehen oder Kanu fahren oder was auch immer. Aber lass mich in Ruhe. Ich brauche mal Zeit für mich.«

»Das ist jetzt nicht dein Ernst, oder? Ich fliege um die halbe Welt, muss mich erst einmal anmotzen lassen, weil du dich mit deinen Freunden zoffst, wofür ich überhaupt nichts kann. Dann organisiere ich einen Trip nur für uns zwei und du willst, dass ich jetzt hier meine Zeit allein verbringe, damit du dich vor den Fernseher knallen kannst? Willst du mich verarschen?«

»Du willst doch eh viel lieber Action haben, als was mit mir zu machen.«

»Nein! Ich wollte mit dir hier einfach mal wieder in Ruhe quatschen, dich in den Arm nehmen, deine Hand halten, dich küssen. Diese wunderbare Natur genießen. Einfach Zeit mit meiner wunderbaren Freundin verbringen.«

»Ich geh jetzt zurück.«

Einen halben Tag lang hatten wir es geschafft, uns nicht zu streiten. Und nun das. Kristina stapfte wie von der Tarantel gestochen zurück Richtung Lodge.

»Vorsicht! Hier sind hohe Berge. Nicht, dass du eine Panikattacke bekommst. Ach nee, sorry, hab ganz vergessen: Von deiner Höhenangst bist du ja wie durch ein Wunder geheilt!«, schrie ich ihr hinterher. Dann schnappte ich mir mein Handy und schrieb den Jungs: »Im September ficken wir alles, was geht.«

Vor Wut hätte ich noch den dicksten Mammutbaum mit bloßen Händen zu Zahnstochern verarbeiten können. Doch nachdem ich trotzig allein zum Grand Canyon gelatscht und dort auf eine Gruppe österreichischer Touristen gestoßen war, beschloss ich, das Beste aus dem Tag zu machen. Im Schlepptau der acht Wiener ließ ich mich zu einer Canyoning-Tour überreden. Fast vier Stunden lang kletterten wir durch Schluchten, ließen uns abseilen und schwammen im Neoprenanzug durch Gebirgsbäche. Zum Abschluss grillten wir in der freien Natur und einer der Ösis spielte Gitarre.

»Und? Hattest du jetzt genug Zeit für dich?«, fragte ich Kristina, als ich gegen 20 Uhr wieder zurück in unsere Romantik-Suite kam. Sie telefonierte gerade, beendete aber blitzschnell das Gespräch, als sie mich sah.

»Sag mal, spinnst du?«

»Äh, nein?«

»Wo warst du denn?«

»Ich habe dich in Ruhe gelassen, wie du mir befohlen hast, damit du dich einfach mal ausruhen konntest.«

»Ich will wissen, wo du warst.«

»Ich war am Wasserfall, habe dann eine Gruppe Österreicher getroffen und habe mich dann mit denen abseilen lassen und war klettern.«

»Dann verpiss dich doch wieder zu den Arschlöchern. Wenn das mit denen so viel besser ist als mit mir.«

»Süße, du wolltest deine Ruhe. Und die habe ich dir gegeben. Du bist abgehauen. Und es reicht jetzt.«

Zum ersten Mal seit ich in Australien angekommen war, wurde ich richtig laut: »Ich zahle hier gerade 800 Euro extra, um uns beiden ein schönes Wochenende zu schenken. Ich habe mir Gedanken gemacht, wie ich dich wieder zum Lachen bringen könnte.

Ich wollte einfach nur Zeit mit dir verbringen. Und du drehst nur noch durch. Vielleicht solltest du weniger Eukalyptusblätter lutschen, die bekommen dir anscheinend nicht gut.«

»Ich …«

»Nein, *ich* rede jetzt. Ich lasse mir das nicht mehr bieten. Du bist schrecklich, geradezu unausstehlich. Das brauch ich echt nicht. Du führst dich nicht auf wie eine Freundin, sondern wie eine Schreckschraube. Also: Ich will jetzt, dass du dich da vorn an den Tisch auf deinen Hintern setzt und mir erzählst, was eigentlich mit dir los ist. Warum bist du so?«

Kristina setzte sich, schaute auf den Boden und fing an zu weinen.

»Ich weiß es auch nicht. Das ist mir einfach alles zu viel!«

»Was?«

»Ich will hierbleiben. Hier ist das Arbeiten so viel angenehmer. Es macht so viel mehr Spaß als in Deutschland. Ich will nie wieder zurück.«

Was für ein Hin und Her. Bei meiner Landung faselte Kristina noch irgendwas davon, dass sie das Ganze am liebsten abbrechen würde. Und nun das.

»Das überrascht mich jetzt etwas. Es wirkt eher so, als ob du lieber heute als morgen zurück nach Deutschland willst.«

»Die lassen einen hier im Krankenhaus viel mehr machen. Es ist viel lockerer. Die haben alle Spaß und gute Laune und zeigen mir was.«

»Die gute Laune scheint aber nicht ansteckend zu sein.«

»Arschloch.«

»Sorry.«

»Und warum bist du dann so?«

»Weil ich nicht weiß, wie ich es meinen Eltern sagen soll. Ich bin so unsicher, ob das wirklich richtig ist.«

»Du willst ernsthaft hierbleiben? Geht das denn so einfach?«

»Weiß ich nicht. Aber hier fühle ich mich so viel wohler. Irgendwie geht das bestimmt.«

»Und was mach ich dann hier?«

»Wieso?«

»Warum bist du nicht mal eher auf die Idee gekommen, mir von deinen Auswandererplänen zu erzählen?«

»Warum denn?«

»Sollen wir etwa eine Fernbeziehung zwischen Berlin und Sydney führen? Mit Cybersex und einmal im Jahr sehen? Vielleicht geht mich das ja auch was an!«

»Keine Ahnung.«

»Süße, jetzt sei doch mal ehrlich: Das ist doch alles nicht dein Ernst, was du hier gerade erzählst. Du willst doch nicht wirklich auswandern!«

»Ich weiß es nicht.«

In dieser Nacht schlief ich keine Minute. Ich starrte an die Wand, während Kristina neben mir lag und mir ihren Po entgegenstreckte. Ich dachte an unsere Hochzeit und sie ans Auswandern. In was für einen Film war ich da bitte geraten? Mein Handy vibrierte: »Alter, was ist bei dir los? Klingt schlimmer als der alltägliche Kristina-Wahnsinn. Kopf hoch, Junge. Urlaub wird übrigens schwer. Muss mit Michaela fahren. Sonst wird die sauer.«

Als wir am nächsten Tag zurückfuhren, sprachen wir kein Wort über Kristinas Pläne. Was hätte ich auch sagen sollen? »Ach übrigens, ich will dir eigentlich in zwei Wochen einen Heiratsantrag machen. Es ist schon alles vorbereitet. Aber dann musst du irgendwann wieder mit nach Deutschland kommen.« Ich konnte es nicht glauben – sie wusste wohl selbst nicht, was sie eigentlich wollte. Aber auch ich zweifelte massiv an meinem Vorhaben. Warum sollte ich eine Frau heiraten wollen, die gerade dabei war, Auswandererpläne zu schmieden, in denen ich offensichtlich keinerlei Rolle spielte? Warum sollte ich eine Frau heiraten wollen, die sich seit Tagen wie eine Furie aufführte? Warum sollte ich eine Frau heiraten, die mich wie ein Stück Scheiße behandelte?

Für den nächsten Tag hatten wir einen Trip nach Sydney geplant. Mit allem, was die Stadt zu bieten hat. Start um 6:50 Uhr auf dem Fischmarkt. Freiwillig hätte ich mich niemals dazu bereit erklärt. Dazu interessierte es mich einfach viel zu wenig, warum und wie der Fisch auf meinem Teller landet und durch wie viele Hände er vorher geht. Hauptsache, er schmeckt. Aber weil sich Kristina den Besuch gewünscht hatte, hatte ich natürlich zugestimmt und trottete nun an 50 Tonnen Fisch vorbei, die, wenn ich richtig zugehört hatte, von 150 Einkäufern irgendwie ersteigert wurden. Ich fand es viel spannender, die anderen Mitglieder unserer Touristengruppe verschiedenen Fischsorten zuzuordnen. Eine dicke Französin glich einem Clownfisch, weil sie so bunt und grell und ätzend angezogen war. Der Versicherungsvertreter aus Darmstadt, der mich die ganze Zeit vollquatschte, sah aus wie ein Kugelfisch. Dieser Mensch wog mindestens 130 Kilo bei einer Körpergröße von 1,76 Metern. Dabei war sein Mund winzig.

»Süße, wie kann man eigentlich so fett werden, wenn nicht mal ein Chip durch diesen Mund passt? Der Typ ist ein Fressphänomen. Minimund und Maxibauch – darüber sollte mal jemand seine Diplomarbeit schreiben. Machst du ein Foto von mir mit dem? Das wäre doch ein tolles Profilfoto für Facebook …«

Kristina zeigte keine Regung.

»Mir tun die Fische hier leid.«

»Warum?«

»Die sind alle von ihren Freunden weggefischt worden.«

»Süße, ich glaube …«

»Oder die Kinder haben jetzt ihre Mama in einem Netz verloren.«

»Ich glaube jetzt nicht, dass eine auseinandergerissene Fischfamilie sich bei RTL meldet und Julia Leischik um Hilfe bittet.«

»Du bist so ein Vollidiot.«

»Warum denn? Hast du schon mal davon gehört, dass Fische heiraten, sich Geburtstagsgeschenke machen oder zu Beerdigungen gehen?«

»Ich habe auf dem Hinflug gelesen, dass Elefanten beim Verlust von vertrauten Artgenossen auch Mitgefühl zeigen. Die stupsen die dann mit dem Rüssel an und sind traurig.«

»Elefanten werden auch nicht von einem Kutter aus dem Meer gezogen.«

»Darum geht es doch gar nicht. Du bist so doof.«

»Süße. Du gehst einmal die Woche Fisch essen.«

»Tja, jetzt nicht mehr. Guck mal, wie süß die sind.«

»Stimmt, mit diesem Aal würde ich nur zu gern kuscheln. Dieses weiche Fell und diese großen Augen. Zum Verlieben. Den würde ich glatt mit ins Bett nehmen.«

Kristinas Handy klingelte. Sie ging ein paar Meter zur Seite.

»Haben Sie sich auch schon in eines dieser zauberhaften Wesen unsterblich verliebt und essen nun nie wieder Fisch?«, fragte ich den Kugelfisch-Darmstädter belustigt.

»Ich mag gar keinen Fisch.«

Vielleicht konnte er wegen seines winzigen Mundes nur über eine Magensonde ernährt werden. Was für ein amüsanter Tag! Um elf Uhr erreichten wir die Seaplane Base, von wo aus wir einen Rundflug über Sydney machen wollten.

185 Dollar pro Person, für 15 Minuten Flugzeit. Der Preis war mir egal, ich wollte einfach diesen unvergesslichen Blick mit meiner Süßen genießen. Doch die entwickelte nach ihrer plötzlichen Teilzeithöhenangst und Fischliebe nun überraschenderweise auch noch Flugangst.

»In das kleine Ding steig ich nicht ein.«

»Warum denn das bitte nicht?«

»Das wackelt bestimmt.«

»Du bist 24 Stunden von Deutschland nach Australien geflogen. Da hattest du auch keine Angst.«

»Das Flugzeug war auch nicht so klein.«

»Du fliegst ja auch nicht so hoch.«

»Ich steige da nicht ein.«

»Das Geld ist schon von meiner Kreditkarte abgebucht worden.«

»Dann musst du allein fliegen.«

»Süße. Wir steigen da jetzt ein. Da passiert nichts.«

»So ein Ding ist mal in Hamburg abgestürzt. Und alle waren sofort tot.«

»Es ist auch schon mal ein Zug entgleist und trotzdem fährst du noch Bahn. Und es ist auch schon mal jemand vom Blitz getroffen worden und trotzdem traust du dich noch auf die Straße, wenn es gewittert. Du wusstest genau, was das für ein Flugzeug sein würde, als wir gebucht haben. Und da warst du auch noch vollkommen begeistert.«

»Da habe ich es auch noch nicht gesehen.«

»Dann unterhalte dich doch einfach mal mit dem Piloten, guck dir das Flugzeug von innen an und dann entscheide dich noch mal.«

»Der Pilot ist uralt.«

»Also kann sein Flugzeug noch nicht so oft abgestürzt sein.«

»Ich steig da nicht ein.«

Für 370 Dollar flog ich also eine Viertelstunde über Sydney, genoss die Ruhe und schwor mir, bei den nächsten Weihnachts- und Geburtstagsgeschenken so viel zu sparen, bis ich all die sinnlosen Ausgaben, die ich dieser Frau zu verdanken hatte, wieder drin haben würde. Als ich landete, stand Kristina telefonierend an der Base.

»Mit wem telefonierst du eigentlich ständig?«

»Meine Eltern haben angerufen.«

»Die sind um halb zwei nachts noch wach?«

»Vertraust du mir jetzt nicht mehr, oder was?«

»Doch. Bin nur etwas verwundert.«

»Dad hat gesundheitliche Probleme.«

Um 15:30 Uhr hatten wir uns zu einem Surfkurs am Bondi Beach angemeldet. Doch schon auf dem Weg dorthin hatte Kristina keine Lust mehr.

»Können wir nicht einfach was anderes machen?«

»Wir haben uns doch erst gestern dafür angemeldet. Wieso hast du jetzt keine Lust mehr?«

»Einfach so.«

»Kristina. Wir haben uns zusammen hingesetzt, haben uns zusammen überlegt, wie ein netter Tag vor unserer Rundreise aussehen könnte. Und nicht mal 24 Stunden nach der Planung fällt dir ein, dass du doch keine Lust mehr hast?«

»Ja und? Das kann doch mal sein.«

»Wir gehen jetzt surfen. Ich habe da nämlich Lust drauf. Kannst ja am Strand liegen bleiben und dich sonnen.«

Und tatsächlich blieb Kristina am Strand liegen. Sie setzte sich ein Käppi auf, schnappte sich ihre Sonnenbrille und legte sich hinter einen Stapel Surfbretter.

»Hier pfeift der Wind nicht so. Viel Spaß.«

»Willst du es wirklich nicht probieren? Das macht bestimmt superviel Spaß.«

»Mach du mal, ich habe Kopfschmerzen.«

Meine ersten Surfversuche endeten in einem Fiasko. Mit 13 Jahren hatte ich mal auf Kreta einen Windsurfkurs gemacht. Damals war mein Brett an einer Leine befestigt gewesen, sodass mich der Lehrer immer wieder reinziehen konnte, wenn ich zu weit draußen war. Ich fuhr von links nach rechts und wieder zurück. Weil ich keine Wende konnte, ließ ich das Segel nach 100 Metern immer runter, sodass es aus dem Wind war, und drehte das Brett, indem ich mich irgendwie trippelnd um mich selbst drehte. Als ich zwei Stunden an der Leine weitestgehend souverän gemeistert hatte, meinte mein Surflehrer, ich sei nun so weit und solle einfach mal drauflossurfen. Er behalte mich schon im Auge. Der Wind war ablandig und ich fuhr und fuhr und fuhr. Wie ich gegen den Wind zurück ans Land kreuzen sollte, das hatte mir bis dahin dummerweise noch niemand beigebracht. Und als ich kleiner Knirps irgendwann kein Land mehr sah, setzte ich mich aufs Brett und fing an zu weinen. Nach fast einer Stunde wurde ich anscheinend vermisst und von einem Motorboot reingeholt. Eigentlich hätte ich damals schon merken sollen, dass Surfen definitiv kein Sport für mich ist. Denn auch am Bondi Beach war ich nicht erfolgreicher.

Nach fünf Minuten war mein Knie blutig. Etwas später schmerzte der Knöchel, mit dem ich voller Wucht aufs Brett geknallt war. Nachdem ich mir dann noch die Lippe blutig geschlagen und beinahe ins Brett gebissen hatte, beendete ich freiwillig den Versuch und schlich reumütig und leicht peinlich berührt an Land zurück.

Kristina lag auf ihrem Handtuch und sprach auf Englisch mit einem Kerl.

»Hey, ich bin schon fertig. Surfbretter und ich werden wohl niemals die besten Freunde.«

Kristina sagte nichts. Sie sah mich etwas erschrocken an. Ich reichte dem Möchtegernschönling die Hand. Er war braun gebrannt, etwas größer als ich und hatte schulterlanges blondes Haar. Auf die Innenseite seines rechten Arms hatte er sich eine Art Strichcode tätowieren lassen, wie er unten auf Milchtüten oder Salamipackungen zu finden ist.

»Hey, ich bin Marco, ich bin Kristinas …«

»Das ist ein Freund aus Deutschland«, fiel mir Kristina ins Wort. Und plapperte gleich weiter.

»Das ist Eric. Der arbeitet als Arzt bei uns im Krankenhaus.«

»Das ist ein Arzt?«, fragte ich auf Deutsch. »Ich wollte ihn gerade fragen, welcher Betrag an der Kasse erscheint, wenn man seinen Strichcode über den Scanner zieht. 50 Cent? Oder kostet der Surf-Doc hier etwa mehr als einen Euro? Das wäre ja Wucher.«

»Wir sprechen dann nach meinem Urlaub in der Klinik weiter. Viel Spaß noch!«, sagte Kristina wieder zu dem sprechenden Ken. »Was ist das denn bitte für ein Arzt? Ein Tierarzt, oder was? Und

Schwester Barbie assistiert ihm erst im OP und später zu Hause … Und wieso eigentlich ›ein Freund‹?«

»Was meinst du?«

»Du hast zu Eric-Surfer-Ken gesagt, ich sei ein Freund aus Deutschland.«

»Nein. Hab ich nicht.«

»Doch, ganz sicher.«

»Bist du jetzt eifersüchtig?«

»Höchstens auf seine Surfkünste. Ich war nicht so erfolgreich.« Nächster Programmpunkt auf unserer Sydney-Liste war ein original Aborigines-Essen im »Deep Blue Bistro« am Coogee.

»Was haben deine Eltern denn vorhin gesagt?«, fragte ich, nachdem wir die erste Flasche Wein gelehrt hatten.

»Was sollen die denn gesagt haben? Glaubst du mir immer noch nicht, dass ich mit denen gesprochen habe?«

»Doch. Das meinte ich doch gar nicht.«

»Was dann?«

»Süße, kein Grund zur Aufregung. Hätte ja sein können, dass dir deine Mum von unserem Treffen erzählt hat.«

Kristina blieb fast ihr Essen im Hals stecken.

»Was für ein Treffen?«

»Bevor ich nach Sydney geflogen bin, habe ich einen Abstecher nach München gemacht und habe mich mit deinen Eltern getroffen.«

Kristina sah mich staunend an.

»Ich habe sie zum Essen eingeladen. Deine Mutter wusste vorher Bescheid. Zusammen haben wir deinen Vater überrascht.«

Noch immer sagte Kristina keinen Ton.

»Ich habe ihn darum gebeten, uns eine reelle Chance zu geben. Ich habe ihm erzählt, was ich die letzten Jahre gemacht habe. Wie ich beruflich dastehe. Ich habe ihm gesagt, dass du mir sehr, sehr wichtig bist und ich dich über alles liebe. Und ich habe ihn gebeten, dass er mir und uns eine faire Chance gibt.«

Kristinas Schweigen hielt an.

»Es war ein vernünftiges Gespräch. Wir haben uns nicht gezofft. Wir hatten keinen Ärger. Ich glaube, dass er es akzeptiert hat und wir künftig ganz normal miteinander umgehen können. Ist das nicht herrlich? Nun sag doch was.«

»Ich fasse es nicht.«

»Lass uns ein Gläschen Champagner bestellen und auf den Neuanfang mit deinen Eltern anstoßen!«

»Sag mal, hast du sie nicht mehr alle? Bist du eigentlich nur scheiße? Weißt du, wie mir mein Vater nun das Leben zur Hölle machen wird?«

»Wird er nicht. Ich habe ihm gezeigt, dass ich kein Vollidiot bin. Dass es mir wichtig ist, dich glücklich zu machen. Das war genau richtig für uns. Vertrau mir.«

»Ich war noch nie so sauer auf dich.«

»Wieso das denn?«

»Du hetzt meine Familie gegen mich auf. Ich kann meinem Vater doch nie wieder in die Augen schauen.«

»Süße, ich wollte, dass wir es künftig leichter haben. Ich habe das für uns gemacht. Damit dein Vater unserer Liebe zustimmt und ich nicht mehr draußen vor der Tür warten muss, wenn ich dich abhole. Wir können zusammen mit deiner Familie deinen Geburtstag feiern. Wir können zusammen Weihnachten feiern. Wir können normal sein.«

»Du hast alles kaputt gemacht.«

»Ich versteh dich nicht.«

»Ich versteh dich auch nicht.«

»Was ist denn jetzt dein Problem? Weißt du, wie ich mich seit Jahren gefühlt habe? Weißt du, wie scheiße es ist, wenn man seine Eltern belügen muss? Wenn man nicht geduldet ist, obwohl man alles für die Frau tut? Hast du irgendwann mal daran gedacht, wie es mir dabei geht?«

»Es geht immer nur um dich.«

»Bitte! Das ist doch absoluter Quatsch. Es geht um deine Eltern. Ich dachte, du wärst ein klein bisschen stolz und dankbar, dass ich das für uns gemacht habe.«

»Lass mich in Ruhe. Vielleicht ist es echt besser, wenn du wieder zurückfliegst und wir es lassen.«

»Das ist nicht dein Ernst!«

Um 22 Uhr stand ich allein auf Sydneys Habour Bridge. Wir hatten uns fürs Nightclimbing angemeldet. Es sollte die »ultimative Erfahrung« werden. Dreieinhalb Stunden dauerte es insgesamt, auf die 134 Meter hohe Brücke zu klettern. »Unser professioneller Kletter-Führer wird Fotos von dir machen und am Ende gibt es ein Kletter-Zertifikat, eine Kletter-Cap und ein unvergessliches Gruppenfoto.« In meiner 14er-Gruppe waren sechs Pärchen und ein Rentner, wegen dem wir mehrfach anhalten und warten mussten, weil es ihm dann doch etwas zu anstrengend war. Statt mit meiner künftigen Frau auf der Brücke im Sonnenuntergang zu knutschen, wie die anderen zwölf Verliebten, stand ich mit Dave aus Toronto auf der Brücke und zeigte mein aufgesetztes Grinsen, um dem armen Opi sein Andenken nicht zu versauen.

Als ich nach Mitternacht zurück ins Zickenterror-Appartement kam, war Kristina nicht da.

»Wir dachten, die ist bei dir!«, sagte Peter nur.

»Nein. Wir hatten einen Megastreit. Sie hat mich im Restaurant sitzen lassen und ist ins Taxi gesprungen. Keine Ahnung wo sie ist.«

Dreimal rief ich auf ihrem Handy an. Anschließend probierte es Nathalie. Auch sie hatte keinen Erfolg. Bei meinem vierten Anruf ging Kristina ran.

»WAS? Geht's noch? Ich will meine Ruhe.«

»Wir machen uns gerade Sorgen. Du bist seit Stunden weg.«

»Lass es mal mein Problem sein, wo ich bin. Oder hast du schon wieder bei meinen Eltern angerufen? Du kannst doch jetzt so gut mit ihnen.«

»Geht's dir gut?«

»Ja.«

»Abfahrt ist morgen um acht. Du weißt, wir machen eine Rundreise. Wäre schön, wenn du pünktlich und einigermaßen normal bist.«

Dann legte ich auf. Nach drei Bier und einem Liter Wein schlief ich endlich ein. Ich war so müde, dass ich nicht mal die SMS von Florian las: »Wer ist denn der Kerl mit Kristina auf Facebook?«

Als ich am nächsten Morgen aufwachte, ging ich gleich ins Internet. Welcher Kerl? Was meinte Florian mit seiner komischen SMS? Doch auf Kristinas Profil war kein Bild mit einem Kerl. Der letzte Eintrag war Ewigkeiten her. Irgendwelche Freundinnen, die ihr alles Gute für Australien gewünscht hatten. Also rief ich Florian an.

»Was meinst du denn? Welches Foto?«

Irgendwie hatte ich ein schlechtes Gefühl, als ich hörte, was mir Florian erzählte.

»Sie war da mit so einem Kerl, so ein Schönling. Der hat das Bild auch gepostet und sie verlinkt.«

»Mann, Alter, mehr Info! Wie haben die da gesessen?«

»Arm in Arm. Er hat ihre Hand gehalten. Oder umgekehrt. Weiß ich nicht mehr so genau. Das sah aber schon so aus, als ob da was geht.«

»Ernsthaft? Haben die sich geküsst?«

»Nein. Aber es wirkte vertraut. Sonst hätte ich dir doch keine SMS geschrieben.«

»Und wo ist das Foto jetzt bitte? Bist du dir sicher?«

»Ich schwöre es. Es war wirklich da.«

Um sieben Uhr kam Kristina endlich ins Appartement.

»Können wir reden?«

»Nein. Ich muss jetzt meinen Koffer packen.«

»Sicher, dass wir diese Reise noch zusammen machen wollen?«

»Ja.«

»Willst du mir was sagen? Wo warst du?«

»Bei 'ner Freundin.«

»Freundin? Weiblich, mit Brüsten? Sicher, dass du bei einer Frau warst?«

»Ja, wo denn sonst? Spinnst du? Bist du krank? Leidest du unter Schizophrenie? Soll ich dir Tabletten verschreiben?«

Eine Stunde später machten wir uns auf den Weg nach Melbourne. Ich fuhr, Kristina saß auf dem Beifahrersitz und hinten hockten Peter und Nathalie. Unser erster Stopp war in Canberra, knapp 300 Kilometer von Sydney entfernt. Weil niemand sprach, schlug ich irgendwann Spielchen vor, um die Zeit totzuschlagen. Und um aus meinem eigenen Gedankenchaos auszubrechen: Ich glaubte Kristina kein Wort. Aber eine Affäre traute ich ihr trotzdem nicht zu. So abgebrüht war sie nicht. Sie kann nicht lügen, redete ich mir ein. Wahrscheinlich hatte sich Florian vertan und Kristina war wirklich bei einer Freundin untergekommen. Wir spielten »Wer bin ich« und machten ein Film-Quiz. Die Laune schien tatsächlich zu steigen. Es wurde sogar gelacht und ich war endlich der Hoffnung, wenn auch nur der geringen, dass ich in Australien nicht nur die Hölle erleben würde. Doch dann stellte Peter die falsche Frage von der Rückbank.

»Was machen wir eigentlich in Canberra? Wie sieht der Plan aus?«

»Was wir machen? Dazu hätte man sich vielleicht mal mit dem Reiseführer auseinandersetzen müssen. Aber ihr habt euch ja einen Dreck für die Reise interessiert. Ich musste ja die gesamte Planung machen. Was ihr also macht? Keine Ahnung. Du liegst doch eh immer nur faul im Bett rum, damit du dein Fett nicht schleppen musst.«

Binnen Sekunden war die gute Laune wie weggewischt. Aus dem Nichts hatte Kristina den nächsten Krieg erklärt. Und noch waren über 100 Kilometer zu fahren. Ich war gefangen im Zickenterror-Käfig auf Rädern.

»Geht's noch!«, zischte Peter von hinten. »Was ist denn jetzt mit dir los?«

»Ich habe so die Schnauze voll von euch. Nichts könnt ihr selbst organisieren. Immer könnt ihr euch nur an meine Hacken heften. Habt ihr ein Hotel gebucht für die Reise? Habt ihr irgendeine Ahnung, was wir wo machen können? Nein. Ihr wisst gar nichts. Immer schön die blöde Alte machen lassen, die reißt sich schon den Arsch auf.«

»Du hast doch gesagt, dass du alles organisieren willst.«

Zwanzig Minuten keiften sich die drei an. Jetzt wäre Michael Buffer wirklich perfekt gewesen. Wobei sie wahrscheinlich nicht mal den Gong abgewartet hätten, ehe sie aufeinander losgingen. Ich dachte wieder an meinen potenziellen Lottogewinn, wie ich das Geld verprassen und mir ein schönes Leben einrichten würde. So weit war es also schon gekommen: Um von meinem 5.000 Euro teuren Urlaub möglichst nichts mitzubekommen, rettete ich mich in eine völlig absurde Traumwelt und versuchte so, mich selbst auszutricksen. Getreu dem Motto: Ich höre nichts, ich sehe nichts, ich sage nichts.

90 Kilometer vor Canberra gab ich Kristina mein Handy, sie hatte vergessen, die Adresse rauszuschreiben, und wollte ein wenig im Internet surfen. Die Roaminggebühren waren mir egal. Hauptsache, es herrschte Ruhe.

Was bist du bloß für ein Waschlappen, dachte ich mir. Hau auf den Tisch. Sag ihr, dass sie völlig bescheuert ist. Flieg am besten zurück. Schon wieder sehnte ich mich nach Deutschland. Ich wollte weg von meiner Freundin. Ich wollte zurück in mein Arbeitsleben, wo alles so perfekt war.

Irgendwann kamen wir endlich in Canberra an. Die Stadt wurde gebaut, weil sich Sydney und Melbourne nicht einigen konnten, wer den Status als Hauptstadt erhalten sollte. So wurde Canberra im Nirgendwo errichtet. 286 Kilometer südwestlich von Sydney, 669 Kilometer nordöstlich von Melbourne. Eigentlich der ideale

Platz, um Kristina, Peter und Nathalie loszuwerden. Ich könnte einfach mit Vollgas und quietschenden Reifen abhauen und sie hier zurücklassen. Dann hätte ich mit Sicherheit einen besseren Urlaub. Und die drei waren schließlich schon alt genug, um auf sich selbst aufzupassen.

»Kannst du mal bitte schauen, wann übermorgen der nächste Flug von Melbourne nach Berlin geht?«, fragte ich Florian per SMS. »Und check mal, ob ich noch genug Meilen bei Lufthansa habe, um damit den Flug zu bezahlen. Halte es nicht mehr aus. Schick mal ne SMS, wenn du wach bist. Dann rufe ich dich an, ohne dass Kristina es mitbekommt.«

Ich war mir zwar selbst nicht ganz sicher, ob ich tatsächlich fliehen sollte, aber ich wollte Kristina zumindest einen kräftigen Schock versetzen.

Und ich wollte mir wenigstens die Möglichkeit offenhalten, aus der australischen Hölle zu entfliehen. Es musste sich ganz schnell etwas ändern. Waffenstillstand. Irgendwas musste einfach passieren. So ging es jedenfalls nicht weiter. Daher setzte ich den dreien die Pistole auf die Brust. Zumindest ein bisschen wollte ich meinen Mann stehen.

»Los, ab in die Bar dort. Ihr sprecht euch jetzt aus. Bevor ihr euch nicht die Meinung gesagt habt, will ich euch nicht mehr sehen. Feuer frei, macht eurem Unmut Luft. Kampf mit offenem Visier. Wirklich: Sprecht euch bitte aus. Und dann finden wir eine Lösung, wie es weitergeht. Bitte!«

Zwanzig Minuten waren seither vergangen. Ich saß in einem Café auf der gegenüberliegenden Straßenseite, hatte mein Handy in der Hand und simste mir den Frust von der Seele. Als ich beschloss, meine E-Mails zu checken, sah ich, dass Kristina sich bei ihrem Facebook-Account nicht richtig ausgeloggt hatte, als sie sich im Auto mein Handy geliehen hatte. Sie war nach dem Surfen zwar ins Menü zurückgekehrt, hatte damit aber nicht die Seite geschlossen. Die war im Hintergrund geöffnet geblieben, sodass ich jetzt in ihrem Profil war. Nach zwei Klicks öffnete sich ihr Gesendet-Ordner.

»Sorry, Eric, dass das vorhin so komisch war. Hätte gern noch weiter mit dir gequatscht. Erklär ich dir bald in Ruhe, was da los war. Nichts Schlimmes. Muss oft an dich denken. Wie du mir das Surfen beigebracht hast. Wir gehen bald wieder essen. Bin in zwei Wochen wieder da. Und dann nehmen wir uns richtig Zeit. kfy.«

Ich las die Nachricht noch einmal und noch einmal. Leider hatte Eric noch keine Antwort geschrieben. Aber er hatte auf seiner Seite das Foto, von dem Florian mir neulich per SMS geschrieben hatte, verlinkt. Darauf hatte dieser Möchtegernschönling meine Freundin im Arm, sie hatte ihre Hand auf seinem Oberschenkel und beide sahen tatsächlich sehr zufrieden miteinander aus.

Seit sieben Wochen waren sie jetzt schon bei Facebook befreundet.

»Hallo, Frau Kollegin. Ich wollte mich nur für den wohl schönsten Nachtdienst seit drei Jahren im Krankenhaus bedanken. Mit dir als Assistentin verfliegt die Zeit. Und wenn du einen anlächelst, kommt einem jede noch so eklige Erkrankung wie ein Witz vor. Übermorgen Mittagessen?«

Mehr Nachrichten gab es zwischen Arschloch-Eric und meiner Freundin nicht. War das ein gutes Zeichen? Hatte sie was mit diesem Kerl? Ich kopierte die Nachrichten und leitete sie an meine Jungs weiter. Dann machte ich gedanklich eine Gleichung: Nur zwei Nachrichten in sieben Wochen = kein intensiver Kontakt. Gutes Zeichen für mich. Er hatte sie angegraben, nachdem sie beide offensichtlich im Krankenhaus zusammengearbeitet hatten. Das ist noch nicht Schlimmes. Spricht ja eigentlich nur für die Attraktivität meiner Freundin, dass sich andere Männer für sie interessieren. Und im Dienst konnte eh nichts gelaufen sein. Akzeptabel!

Er hatte ihr das Surfen beigebracht. Und wahrscheinlich hatten sie zusammen Mittag gegessen. Ich gehe auch mit vielen Mädels

Mittag essen. Aber mit vielen habe ich auch was. Beim Surfen kommt man sich näher. Hohes Flirtrisiko. Wahrscheinlich hat der Lüstling sie schön angegrabbelt und ihr aufs Brett geholfen … Nicht akzeptabel. Große Gefahr.

Kristina muss oft an ihn denken. Genau mit diesen blöden Worten halte ich meine Affären auch immer bei Laune. Gar nicht gut für mich!

Aber was meinte sie mit »Erklär ich dir bald in Ruhe, was da los war. Nichts Schlimmes«? Ich war »nichts Schlimmes«. Hallo? Ich war ihr Freund, der sie extra am anderen Ende der Welt besuchte. Was würde sie diesem Typen wohl über mich erzählen? Verleugnete mich meine Freundin gerade gegenüber einem Surfer-Schwuchtel-Schönling? Sehr sehr bedenklich!

Und vor allem der letzte Satz ihrer Nachricht stimmte mich nicht wirklich zuversichtlich: »Und dann nehmen wir uns richtig Zeit.« Wofür denn bitte? Für weitere Surfstunden? Wollte sie sich von Arschloch-Ken etwa zeigen lassen, wie man den Neopren-Einteiler schneller auszieht? Für Trockenübungen im Bett?

Ich wählte Florians Nummer.

»Bist du wach?«

»Jetzt schon.«

»Lies mal die Mail, die ich dir geschickt habe.«

»Alter, ich penne …«

»Los, mach.«

Obwohl ich Florian aus dem Schlaf gerissen hatte, fällte er sein Urteil binnen weniger Sekunden.

»Haha. Ich krieg mich nicht mehr ein! Das geschieht dir so recht. Hahahaha. Ich bepiss mich vor Lachen.«

»Ich finde das gar nicht lustig. Sie betrügt mich, oder?«

»Hahahahaha. Das geschieht dir so recht! Hahahahaha.«

»Du bist mein Freund, vergiss das nicht. Arschloch.«

Ich erzählte Florian, welchem Zufall es zu verdanken war, dass ich die Nachricht gelesen hatte.

»Bist du sicher, dass sie etwas mit dem Kerl hat?«

»Das ist eindeutig.«

Mit einem Mal sah ich Kristina gegenüber aus dem Lokal rennen. Peter folgte ihr mit hochrotem Kopf und verheulten Augen. Ich wimmelte Florian ab, schoss auf die andere Straßenseite und setzte mich zu Nathalie, die allein und kreidebleich noch immer in der Bar saß.

»Was ist denn hier los?«

»Deine Freundin hat doch total den Arsch auf.«

»Ich weiß.«

Nathalie wollte gerade anfangen, mir von Kristinas Motztiraden zu berichten, doch ich fiel ihr ins Wort.

»Ganz ehrlich, das ist mir gerade so was von scheißegal. Kristina hat sie nicht mehr. Und egal, was sie dir oder euch vorgeworfen hat ... ich bin auf eurer Seite. Ich erkenne sie gar nicht wieder. Sie ist total durchgedreht.«

»Sie macht uns alles kaputt. Peter will nur noch zurückfliegen.«

»Dann können wir uns ja zusammentun. Ich habe auch die Schnauze voll.«

»Ist sie öfter so?«

»Nathalie. Ich muss dich was fragen. Und sei bitte ganz ehrlich, okay? Hat Kristina hier einen anderen?«

Nathalie sagte nichts. Sie zeigte nicht die geringste Regung, sah einfach nur auf den Boden.

»Das solltest du Kristina selbst fragen.«

»Ich will es aber von dir wissen. Ihr hockt seit Monaten zusammen rum. Du musst doch mitkriegen, ob sie sich mit einem anderen trifft.«

Noch immer schaute Nathalie zu Boden.

»Ich kann dir nichts sagen. Wenn ich dir was erzähle, verpfeift sie mich an Leon.«

Ich verstand kein Wort mehr. Wieso verpfeifen? Und was hatte Nathalies Freund, der sie auch bald in Australien besuchen kommen würde, damit zu tun? Ich erzählte ihr von Kristinas Nachricht an Eric, die ich gelesen hatte.

»Ich verstehe zwar nicht, warum du Angst davor hast, mir was zu sagen. Aber ich verspreche dir, dich niemals zu verpetzen.«

»Weißt du: Ich war einen Abend ziemlich betrunken. Da hatte ich was mit einem Franzosen. Kristina weiß das und hat mir gedroht, mich bei Leon anzuschwärzen, wenn ich dir nur ein Wort verrate.«

»*Was* verrate?«

Nathalie atmete tief ein, dann legte sie los.

»Ich weiß nicht genau, wie lange das schon geht. Aber sie trifft sich mit diesem Arzt aus unserem Krankenhaus. Sie hat auch schon bei ihm geschlafen.«

»Haben sie miteinander geschlafen?«

»Weiß ich nicht.«

Mich packte die blanke Wut. Was für ein Miststück. Was für eine verlogene Schlange.

»Und für diese Hure fliege ich um die ganze Welt? Das war's!« Ich stürmte aus dem Restaurant. Am liebsten hätte ich alles kurz und klein geschlagen. Von Kristina keine Spur. Nirgends war sie zu sehen. Fast eine Stunde irrte ich durch Canberra. Mal hasserfüllt, mal ironisch darüber lächelnd, dass ausgerechnet ich von meiner Freundin betrogen wurde. Mal voller Selbstmitleid, dass ich die Liebe meines Lebens verloren hatte. Das wird sie mir büßen, schwor ich mir. In Gedanken malte ich mir aus, wie ich sie am Abend verarschen würde. Mit Anzug und Krawatte würde ich beim Essen vor ihr auf die Knie gehen, ihr das Kästchen mit dem Platinring überreichen und sie fragen, ob sie meine Frau werden will. Doch noch ehe sie überhaupt reagieren könnte, würde ich aufstehen, das Kästchen wieder zuklappen und sagen: »Ach nein, sorry, habe ich ja vergessen. Du fickst ja mit Eric. Wie blöd von mir. Ich wünsche euch alles Gute. Und übrigens: Ich habe dich so oft verarscht, da ist deine verkackte Affäre mit Eric nur ein Fliegenschiss gegen.«

Ich stellte mir ihr Gesicht vor. Ihr Entsetzen. Ihre Fassungslosigkeit. Wie sie mich anflehen würde, ihr zu vergeben. »Ich liebe doch nur dich. Es war ein schrecklicher Fehler.« Doch egal wie farbenfroh ich mir meine Rache auch ausmalte, glücklich machte mich diese Vorstellung nicht. Ich fühlte mich einfach nur schlecht. Schäbig. Wie konnte sie mir das nur antun! Ich hatte mich doch für sie entschieden, ohne dass sie es überhaupt wusste. Völlig wirr im Kopf irrte ich durch die Gegend. Irgendwann stand ich vor unserem Hotel und ging auf unser Zimmer. Kristina saß auf dem Bett und tippte auf ihrem Handy rum.

»Na, schreibst du ihm?«

»Was?«

»Ich glaube nicht, dass du Eric noch schreiben musst.«

»Wovon sprichst du?«

»Ich habe ihm eine Nachricht von deinem Facebook-Account geschickt. Warte, ich lese sie dir vor.«

Ich kramte nach meinem Handy, meine Hand war schweißnass und zitterte.

»Ich …«, setzte Kristina gerade an.

»Halt die Fresse und hör zu. Also: Lieber Eric. Wir können uns leider nie wiedersehen. Der Kerl, den du am Strand getroffen hast, ist mein künftiger Mann. Er hat mir gestern einen Heiratsantrag in Melbourne gemacht. Und ich habe Ja gesagt. Unser Abenteuer war ja ganz nett. Aber ich brauche einen richtigen Mann, mit dem man eine Zukunft aufbauen kann, und keinen Surfer, der in den Tag hineinlebt. Akzeptiere bitte meine Entscheidung. Kristina.«

»Spinnst du jetzt?«

»Schon scheiße, wenn man zu blöd ist, sich aus seinem Account auszuloggen. Eure Nachrichten waren leider eindeutig. Blöd, wenn man zu dumm ist, eine Affäre zu verheimlichen.«

»Aber ich …«

»Aber was? Es ist nicht so, wie ich denke? Dass ich nicht lache. Wolltest du seinetwegen hierbleiben?«

Kristina wich meinem Blick aus.

»Hast du ihm das wirklich geschrieben?«

»Ich will jetzt wissen, was das hier soll! Fickst du mit diesem Eric?«

Mit Tränen in den Augen erzählte Kristina mir die ganze Geschichte.

»Wir haben uns bei der Arbeit getroffen. Ich wollte das alles nicht. Aber er hat nicht locker gelassen. Er ist abends zu unserem Appartement gekommen, hat mich eingeladen. Er hat mir das Surfen beigebracht und war immer für mich da. Er hat mir zugehört, wenn ich mich mit den anderen gestritten habe. Du warst doch nie da. Ich brauchte jemanden. Aber du warst so weit weg. Und dann …«

»Habt ihr gefickt?«

Kristina nickte. In dem Moment jagte ein heftiger Schmerz durch meinen Körper. Als hätte ich einen Stromstoß bekommen, zuckte ich. Meine ganze Energie war wie ausgesaugt. Mein Hass verflogen. Ich war einfach nur leer. Minutenlang starrte ich die Wand an, schüttelte den Kopf. Tränen liefen meine Wangen hinunter.

»Weißt du, was das für ein beschissenes Gefühl ist?«, fragte ich Kristina nach einer scheinbaren Ewigkeit, während ich zu meinem Koffer ging und die Schachtel mit dem Ring hervorkramte.

»Ich habe nie jemanden so geliebt wie dich. Noch nie.«

Immer wieder stockte ich. Meine Stimme war wacklig.

»Ich habe mit deinen Eltern das Gespräch gesucht, weil ich endlich eine richtige Beziehung mit dir wollte. Weil ich den Schmerz, den uns dein Vater angetan hat, nicht mehr ertragen konnte.«

Kristina saß in sich zusammengesunken auf dem Bett und weinte auch.

»Ich wollte, dass dein Vater unsere Beziehung akzeptiert und sich damit abfindet, dass ich zu eurer Familie gehöre. Weißt du, wie schlecht ich mich all die Jahre gefühlt habe, weil ich nicht von ihm akzeptiert wurde? Ich wollte, dass das ein Ende hat. Und weißt du auch warum?«

Ich stellte das Kästchen mit dem Ring auf den Schreibtisch.

»Weil ich dich eigentlich in Melbourne fragen wollte, ob du meine Frau werden willst.«

Endlich blickte mich Kristina an. Aber ich konnte ihr nicht in die Augen schauen. Also drehte ich mich um und begann, bitterlich zu weinen. Insgeheim hoffte ich, dass Kristina aufstehen und mich in den Arm nehmen würde. Ich sehnte mich so nach einer Umarmung. Doch sie kam nicht.

»Es tut mir leid.«

»Ich habe alles organisiert. Wochenlang habe ich es aus Deutschland organisiert. Und du machst alles kaputt.«

Kristina schaute zu Boden.

»Hast du noch irgendwas zu sagen?«, fragte ich sie.

Kopfschütteln.

»Dann war es das jetzt?«

Nicken.

Zwei Tage später saß ich wieder im Flugzeug. Unverlobt. Traurig. Einsam. Auf dem heruntergeklappten Tischchen vor mir lag der Brief, den mir Kristina auf ihrem Hinflug nach Sydney geschrieben hatte.

Diese fünf Seiten aus einer Frauenzeitschrift, die mit ausschlaggebend dafür gewesen waren, dass ich Laura in den Wind geschossen und mich endgültig für Kristina entschieden hatte: »Was in der Liebe zählt. Vom ersten Verknalltsein bis zum gemeinsamen Älterwerden.« Noch einmal las ich mir durch, was Christina zu »Phase 12, Für immer« geschrieben hatte: *Jede deiner Berührungen fühlt sich großartig an. Wenn du mich in den Arm nimmst. Wenn wir kuscheln, knutschen. Unser Sex ist einfach gigantisch. Ich liebe dich. Ich danke dir für alle Phasen, die ich bislang mit dir erleben durfte. Und ich hoffe so sehr, dass wir es bis zur zwölften schaffen. Dann wäre mein Leben perfekt. P.S. Danke, dass du am Flughafen warst. Danke für den iPod, höre ständig deine Musik. Danke, dass ich deine Freundin sein darf.*

Und insbesondere den Punkt »Versuchung« musste ich mir noch einmal vornehmen. Ich sezierte fast jedes einzelne Wort.

Und dann beginnt sie zu nagen, die verräterische Frage: Will man wirklich bis ans Ende seines Lebens nie wieder mit jemand anderem schlafen? Will man wirklich nicht wissen, wie viel man da draußen auf dem Markt noch wert wäre? Will man nie wieder Geheimnisse haben? Wie immer man diese Frage beantwortet, man sollte bei seinen Entscheidungen fair bleiben. Natürlich kommen One-Night-Stands, Seitensprünge, Affären auch in den besten Beziehungen vor, aber man sollte nicht dem anderen dafür die Schuld geben. Man selbst ist es, der fremdgeht, und falls man es tut, sollte man dem anderen Grausamkeiten ersparen: keine Vorwürfe, keine Taktlosigkeiten, keine Vergleiche …

Kristinas Kommentar dazu, der gerade einmal wenige Wochen alt war, lautete: *Man sollte sich einfach dagegen entscheiden.*

Immer wieder las ich diese sechs Worte: »Man sollte sich einfach dagegen entscheiden.« Ich sagte sie sogar leise vor mich hin. »Dagegen.« Wie konnte sie nur innerhalb so kurzer Zeit ihre Meinung ändern und ihren Traum von uns wegschmeißen?

Ich hoffe so sehr, dass wir es bis zur zwölften Phase schaffen. Dann wäre mein Leben perfekt.

Was für eine Ironie. Dutzende Male habe ich mich nicht dagegen entschieden. Habe Chancen gesucht und genutzt. Und nun, da ich bereit war, mit Kristina in Phase zwölf einzutauchen, verpasste sie mir den Knockout.

Zwei Reihen vor mir gackerten zwei Studentinnen. Hübsch, braun gebrannt. Sie faselten was von Leipzig und der geilsten Zeit ihres Lebens. Es interessierte mich einen Scheißdreck.

LEMMY TALKING

SEX, DRUGS & ROCK'N'ROLL
DIE METAL-LEGENDE UNZENSIERT

LEMMY TALKING
SEX, DRUGS & ROCK'N'ROLL
DIE METAL-LEGENDE UNZENSIERT!
Von Harry Shaw
176 Seiten, etwa 60 Abbildungen,
12,5 x 19,7 cm, Hardcover
ISBN 978-3-89602-901-0 | Preis 14,90 €

Sex, Drugs & Rock'n'Roll. In »Lemmy Talking« erzählt Lemmy Kilmister in eigenen Worten aus seinem Leben. Das Buch vereint zahllose Zitate des britischen Heavy-Metal-Urgesteins mit dem unverwechselbar trockenen Humor, aus denen ein lebendiges und facettenreiches Porträt entsteht. Mit seiner typischen Selbstironie erzählt Lemmy von seiner jahrzehntelangen musikalischen Karriere, wie es war, für Jimi Hendrix als Roadie zu arbeiten und von den Versuchen, Sid Vicious das Bass-Spielen beizubringen. Er schildert, wie es ist, als Rockstar alt zu werden, und kommentiert seine Schwäche für NS-Memorabilia.

Und ganz nebenbei erzählt er Anekdoten über all die Musiker, die er im Verlauf seiner über vierzigjährigen Musikkarriere getroffen hat.

DER AUTOR

Marco Beckes ist 34 Jahre alt, Wahlberliner und verfügt über ein überdurchschnittlich hohes Einkommen. Seine Freunde bezeichnen ihn als zuverlässigen, witzigen und großzügigen Kerl. Eigentlich eine gute Partie. Seine Schwiegereltern in spe würden jedoch sagen: »Ein grauenvoller Mensch. Vorlaut, anmaßend, unterprivilegiert. Kein Umgang für unsere Tochter.« Damit er sein unmoralisches Doppelleben weiterführen kann, schreibt er unter Pseudonym.

Marco Beckes

BEICHTE EINES FREMDGÄNGERS

Die wahre Geschichte eines verlogenen Schweins

ISBN 978-3-86265-077-4

Lektorat: Carolin Stanneck | Coverfoto: © dispicture / shutterstock.com

KATALOG

Wir senden Ihnen gern kostenlos unseren Katalog.
Schwarzkopf & Schwarzkopf Verlag GmbH
Kastanienallee 32, 10435 Berlin
Telefon: 030 – 44 33 63 00
Fax: 030 – 44 33 63 044

INTERNET | E-MAIL

www.schwarzkopf-schwarzkopf.de
info@schwarzkopf-schwarzkopf.de